Marietta Cronjaeger

Das Stillkochbuch

Marietta Cronjaeger

Das Stillkochbuch

Über 100 Rezepte –
lecker und bekömmlich
für Mutter und Baby

*Illustrationen
von Monica May*

Kösel

10. Auflage 2007, 48.-51. Tausend

Umschlag: Elisabeth Petersen, München
Umschlagillustrationen: Monica May, München
Druck und Bindung: Kösel, Krugzell
Printed in Germany
ISBN 978-3-466-34395-9

www.koesel.de

Inhalt

Für Harald, Jenni, Tobias, Elias, Jann,
Anita und Lukas

Über das Stillen

Wenn Sie nicht entschlossen wären, Ihr Kind zu stillen, würden Sie dieses Buch wahrscheinlich nicht zur Hand nehmen. Also wissen Sie bereits, dass die Ernährung mit Muttermilch für Ihr Baby die beste Wahl ist. Genau wie bei allen Säugetieren die einzig artgerechte Ernährung des Nachwuchses die Milch der Mutter ist. Nur wir Menschen akzeptieren für unsere Kinder den Ersatz durch Kuhmilch. Jedoch nicht deswegen, weil sie der Muttermilch besonders ähnlich wäre, sondern einzig aus dem Grund, weil sie leicht zu gewinnen ist. Wie »veredelt« auch immer zubereitete Säuglingsnahrung ist, sie ist und bleibt Kuhmilch – ein Ersatz für Muttermilch, der niemals die Qualität des Originals erreicht.

Aber nicht nur für Ihr Baby, auch für Sie als Mutter hat das Stillen viele Vorteile: Frauen, die stillen, bekommen seltener einen Wochenflussstau und sind weniger gefährdet, an Brustkrebs zu erkranken. Außerdem erreichen stillende Mütter schneller wieder ihr Normalgewicht.

Leider sind wir von der Stilltradition so gut wie abgeschnitten. Nur wenige junge Mütter haben in ihrer Familie das Stillen erlebt. Sei es, dass die eigene Mutter die jüngeren Geschwister gestillt hat oder ältere Schwestern ihre Stillerfahrung weitergegeben haben.

Die heutigen Großmütter haben ihre Kinder meist nicht gestillt oder das Stillen nach wenigen Tagen aufgegeben, denn damals gab es kaum die Möglichkeit des »Rooming-in« in den Geburtskliniken. Die Neugeborenen wurden in einer separaten Station versorgt und fünf- bis sechsmal täglich für ca. eine halbe Stunde zu ihren Müttern gebracht. Diese mussten dann in der knapp bemessenen Zeit ihr Kind stillen, ob es nun hungrig war oder nicht. Wieder im Kinderzimmer angelangt, wurde der Säugling gewogen und das Trinkergebnis der Mutter mitgeteilt.

Wie frustrierend diese Prozedur war, habe ich selbst erlebt. Durch die Glasscheibe zwischen Flur und Kinderzimmer konnte ich oft sehen, wie meine Tochter in ihrem Bettchen lag und schrie und mit den Ärmchen ruderte. War dann endlich die Fütterungszeit gekommen, war sie oft so erschöpft, dass sie an meiner Brust schlief, statt zu saugen, und ich sie durch Streicheln, Klopfen, Anpusten wecken und zum Trinken anregen musste. Wenn sie endlich die Brustwarze angenommen hatte und die ersten Schlucke trank, war unsere gemeinsame Zeit oft schon wieder beendet. Nach einer halben Stunde kam dann die Kinderschwester, schaute streng auf ihre Notizen und verkündete: »Ihre Tochter trinkt viel zu wenig, Sie müssen zufüttern!« So oder ähnlich haben es sicher viele Frauen bis vor nicht allzu langer Zeit erlebt. Dass unter solchen Bedingungen keine entspannte Stillbeziehung entstehen kann, dürfte wohl niemanden mehr wundern. Zumal mittlerweile bekannt ist, dass Neugeborene am besten trinken, wenn sie selbst es wollen. Lässt man sie lange warten, trinken sie keinesfalls mehr oder mit größerem Appetit. Ich habe damals die einzig mögliche Konsequenz gezogen und habe mit meiner Tochter schnellstmöglich die Klinik verlassen. Zu Hause habe ich die Kleine nach Bedarf angelegt, und schon nach zwei Tagen waren wir beide zufrieden, denn das Stillen klappte jetzt wunderbar.

Diese Zeiten sind glücklicherweise vorbei. Die meisten Kliniken praktizieren das »Rooming-in«. Mütter und Kinder werden nach der Geburt nicht mehr getrennt und können sich viel besser aufeinander einstellen. Das gilt inzwischen sogar für kranke Neugeborene und Frühgeborene. Bei »Problemkindern« wirkt sich enger Hautkontakt zwischen Mutter und Kind und die Ernährung mit Muttermilch besonders segensreich aus.

Wie schön ist es doch in den ersten Stunden und Tagen nach der Geburt, ungestört Kontakt zu dem kleinen Menschen aufzunehmen. Auf sein Minenspiel zu achten, die Reaktionen auf Stimmen, Nahrung, Streicheln, Schmusen ... zu beobachten und seine Bedürfnisse kennen zu lernen. Nehmen Sie sich dafür ausreichend Zeit, und wenn Sie können, machen Sie sich in den ersten Wochen nach der Geburt von möglichst vielen Pflichten frei. Je gelassener Sie als Mutter sein können, desto sicherer und geborgener fühlt sich Ihr Baby. Stillen ist nicht nur Nahrungsaufnahme, sondern es fördert auch die innige Mutter-Kind-Beziehung, bietet dem Kleinen Wärme, Zärtlichkeit und Geborgenheit.

Obwohl das Stillen ein ganz natürlicher Vorgang ist, müssen Mutter und Kind sich auf das gegenseitige Geben und Nehmen erst einstellen. Die ersten Tage nach der Geburt sind oft schwierig für beide, doch es lohnt sich durchzuhalten. Lassen Sie sich, auch wenn Sie die Klinik schon verlassen haben, von einer Hebamme betreuen, oder schließen Sie sich einer Stillgruppe an. Eine wichtige Rolle beim Stillen spielt auch der Vater. Seine Unterstützung ist für die Mutter unerlässlich. Sei es durch die Sorge darum, Stress jeglicher Art von seiner Partnerin fern zu halten und sie nach Kräften zu entlasten, sei es durch Ermutigung und Bestätigung.

Ihnen selbst tut vor allem Ruhe gut, denn Sie sind ja noch »Wöchnerin«. Dieser etwas altmodische Begriff ist aus unserer Alltagssprache fast verschwunden. Trotzdem sind die sechs Wochen nach der Geburt eines Kindes eine sehr wichtige Zeit im Leben der jungen Mutter. Sie hat viel geleistet. Innerhalb von neun Monaten einen kompletten neuen Menschen geschaffen und dabei all die großen und kleinen Veränderungen in ihrem Körper verkraftet und seelische Umwälzungen hingenommen. Gerade beim ersten Kind verändert sich das Leben einer Frau entscheidend. War sie bisher berufstätig und unabhängig, ist sie zumindest in den ersten Jahren nach der Geburt auf das Hausfrauen- und Mutterdasein zurückgeworfen und wirtschaftlich mehr oder weniger vom Partner abhängig. Nimmt sie nach der Mutterschutzfrist ihre Berufstätigkeit wieder auf, kommt eine doppelte Belastung auf sie zu und meist auch noch der Kampf mit dem schlechten Gewissen, weil sie meint, nicht genug Zeit für ihr Kind zu haben.

Früher wurde das »Wochenbett« ernst genommen. Noch vor dem Zweiten Weltkrieg war es üblich, dass die Mutter nach der glücklich überstandenen Geburt sechs Wochen im Bett blieb. Sie war von der damals noch sehr schweren Hausarbeit befreit und wurde von einer Hebamme betreut und von weiblichen Verwandten oder Nachbarinnen versorgt. Das körperliche Wohl der Wöchnerin und ihre Erholung lag der Gemeinschaft so am Herzen, dass in manchen Gegenden besondere Wochenbettsuppen gekocht oder spezielle Wochenbettbrote gebacken wurden. Als das

Bier noch ein Volksnahrungsmittel war, wurde sogar ein Wöchnerinnenbier gebraut, auch Ammenbier genannt.

Diese Art von Aufwand zu betreiben ist heutzutage sicherlich nicht unbedingt nötig, aber mehr Rücksicht auf frisch entbundene Mütter und sehr viel mehr Schonung in den ersten Wochen scheint mir dringend angebracht.

Genießen Sie also das Stillen auch für sich selbst als eine Zeit der ungestörten Ruhe, denn Stillen bedeutet auch »still werden«. Machen Sie Ihrer Familie und den Freunden deutlich, dass Sie noch nicht wieder voll einsatzfähig sind. Sie sind zwar nicht krank, aber sich in die neue Situation hineinzufinden kostet doch viel Kraft. Schlafmangel, Hormonumstellung und das Bewusstsein der neuen Verantwortung kann Sie so überfordern, dass Sie Depressionen bekommen können. Besonders am dritten bis fünften Tag nach der Geburt wird es kritisch. Dann ist die Brust angeschwollen, die Körpertemperatur ist erhöht, und Sie fühlen sich insgesamt unwohl. An diesen Tagen fließen leicht die Tränen.

Sorgen Sie rechtzeitig dafür, dass Sie in den ersten Wochen zu Hause wenig Arbeit haben. Je besser Sie sich erholen können, desto schöner wird das Zusammenleben als Familie sein. Versuchen Sie nicht, perfekt zu sein. Das Bild der gut frisierten jungen Mutter mit dem süßen Baby aus der Werbung hat nichts mit der Wirklichkeit zu tun. Unaufgeräumte Küchen, schmutzige Wäsche und schreiende Kinder kommen dort gar nicht vor, denn mit diesen Bildern soll ja eine positive Stimmung erzeugt werden, damit Kundinnen das jeweilige Produkt kaufen. Leider ist die Werbung allgegenwärtig und beeinflusst unser Unterbewusstsein und damit die Ansprüche an uns selbst.

Sie fühlen sich wahrscheinlich besser, wenn Sie vor Freunden und Verwandten zugeben, dass es zwar schön, aber auch ziemlich anstrengend ist, ein Kind zu haben, und dass Sie oft müde sind. Vielleicht helfen Ihnen die Entspannungsübungen, die Sie aus der Geburtsvorbereitung kennen, oder ein Spaziergang, um wieder etwas aufzutanken.

Wenn Sie sich zum Stillen entschlossen haben, dann bleiben Sie bei Ihrem Vorsatz, sofern es keine zwingenden Gegenargumente gibt. Vertrauen Sie auf die Fähigkeit Ihres Körpers, genügend Nahrung für Ihr Kind zu produzieren. Genau so, wie Sie in der Schwangerschaft auch darauf vertraut haben, dass Ihr Körper in der Lage ist, ein Kind in sich wachsen zu lassen. Doch leider suggeriert die Werbung für Babynahrung oft, ein Mangel an Muttermilch sei normal. Das eine Produkt wird »zum Zufüttern« empfohlen, das andere, »wenn die Muttermilch nicht mehr ausreicht«. Auf Inhaltsstoffe wie Eiweiß, Vitamine, Mineralstoffe wird extra hingewiesen, auch mit »langkettigen, mehrfach ungesättigten Fettsäuren« wird zum Kauf animiert.

Dabei sollte man sich aber vergegenwärtigen, dass Muttermilch alle diese Bestandteile ohnehin enthält, und zwar in wirklich optimaler Zusammensetzung. Und das ganz ohne Mitwirkung von Lebensmittelchemikern.

Die Milchbildung kommt nach der Geburt von selbst in Gang. Während der Schwangerschaft hat sich die Brust schon verändert. Der Prolaktinspiegel ist stetig angestiegen (dieses Hormon sorgt für das Einsetzen der Milchbildung), die Brust ist größer geworden, und die Milchdrüsen haben sich so weit entwickelt, dass sie zur Milchbildung bereit sind. Viele Schwangere haben in den letzten Wochen vor der Geburt bereits *Vormilch*. Diese eiweißreiche, dickliche, gelbliche Flüssigkeit wird auch Kolostrum genannt. Sie ist als erste Nahrung, gleich nach der Geburt für das Kind von großer Bedeutung, denn sie enthält viele Abwehrstoffe gegen Krankheiten, mit denen die Mutter im Laufe ihres Lebens konfrontiert war. Diese Abwehrstoffe gibt sie nun über die Milch an das Neugeborene weiter und schützt es damit vor Infektionen durch Krankheitserreger aus seiner Umgebung. In der Gebärmutter ist das Baby in einer vollkommen sterilen Hülle herangewachsen und muss sich nun plötzlich mit all den Keimen auseinander setzen. Da sein Immunsystem noch »ungeübt« ist, ist es auf den aktiven Infektionsschutz durch das Kolostrum angewiesen. Die Vormilch hilft dem Säugling auch, den ersten Stuhlgang, das Mekonium, schneller auszuscheiden.

Auch wenn die Milchbildung durch körpereigene Hormone eingeleitet wird, bleibt die Produktion nur in Gang, wenn das Kind regelmäßig saugt. Der Saugreiz an der Brustwarze löst über verschiedene Nervenbahnen die Bildung der Hormone Prolaktin (zuständig für Milchbildung) und Oxytozin (zuständig für Milchausscheidung) aus. Letzteres sorgt auch für die bessere Rückbildung der Gebärmutter. Durch das Saugen bestimmt das Baby also selbst, wie viel Nahrung in der Brust nachgebildet wird. Das erklärt auch, warum in früheren Jahrhunderten Ammen manchmal jahrelang Kinder stillen konnten. Sie »verkauften« sozusagen ihre Muttermilch, deren Produktion nach der Geburt des eigenen Kindes begonnen hatte, an Frauen aus gehobenen Schichten, die nicht stillen wollten oder konnten.

Am dritten bis fünften Tag verändert sich die Muttermilch. Vom fünften bis fünfzehnten Tag spricht man von *Übergangsmilch.* Sie enthält immer noch viel Eiweiß, ist aber dünnflüssiger. Die Milchdrüsen nehmen verstärkt ihre Arbeit auf, und der Körper sorgt für eine starke Durchblutung des Gewebes. Möglicherweise schwellen die Brüste an. Die Haut ist leicht gerötet und empfindlich gegenüber Berührung. Keine Angst, dieser Zustand verschwindet nach ein bis zwei Tagen von selbst! Gönnen Sie sich Ruhe, und kühlen Sie in den Stillpausen die Brüste mit kalten Umschlägen.

Lassen Sie Ihr Kind oft trinken. Sie dürfen es auch wecken, wenn Sie meinen, dass Ihnen häufiges Saugen Erleichterung verschafft. Am besten gelingt das Wecken durch Windelwechsel. Wird die warme Windelpackung geöffnet, ist jedes Baby wach, und wenn die letzte Mahlzeit ca. zwei Stunden zurückliegt, sicher auch bereit zu trinken.

Ist der Milcheinschuss überstanden, wird die Brust wieder weicher und erreicht allmählich auch ihre ursprüngliche Größe. Milch ist trotzdem ausreichend vorhanden.

Die *reife Muttermilch* erscheint Ihnen vielleicht überaus dünn und wässrig. Das spricht für Qualität. Diese »wässrige Lösung« enthält all die Stoffe, die Ihr Kind benötigt, in ausreichender Menge und ist seinem Organismus optimal angepasst. Beunruhigen Sie sich deshalb nicht, wenn Ihre evtl. abgepumpte Milch aussieht wie Wasser, in das ein Esslöffel Kuhmilch eingerührt wurde. Bei unseren Kindern wächst im Laufe des ersten Lebensjahres in erster Linie das Gehirn. Speziell für das Gehirn enthält die Muttermilch viele Wachstumsstoffe, die zum Teil noch nicht abschließend erforscht sind.

Häufig wird erwartet, Muttermilch müsse ebenso dick und sämig sein wie Kuhmilch, um ein Kind sättigen zu können. Doch Kuhmilch ist den Bedürfnissen von Kälbern angepasst. Diese brauchen z.B. viel Eiweiß, weil sie sehr schnell wachsen (ein Kalb hat bereits nach einigen Monaten die Größe seiner Mutter erreicht). Muttermilch ist auch im Vergleich zu vielen Produkten von Babyfertignahrung dünnflüssig, da sie keine Stärke enthält.

Wenn Sie selbst oder Ihr Partner unter *Allergien* leiden, sollten Sie Ihr Kind mindestens sechs Monate voll stillen. Achten Sie darauf, dass es keine Kuhmilch oder Kuhmilchprodukte bekommt, auch nicht in den ersten Tagen nach der Geburt. Damit können Sie leider nicht für alle Zeit eine Allergie verhindern, aber zumindest für die Dauer der Stillzeit ist das Auftreten einer allergischen Reaktion unwahrscheinlich. Wenn Ihr Baby erst nach sechs Monaten mit anderer Nahrung konfrontiert wird, hat sich sein Immunsystem vielleicht so weit stabilisiert, dass Sie vorsichtig seinen Speiseplan erweitern können.

Ist Ihr Kind familiär vorbelastet, sollten Sie auch bei Ihrer eigenen Ernährung darauf Rücksicht nehmen. Konsumieren Sie Milch und Milchprodukte nur in geringer Menge. Auch über die Muttermilch können Kuhmilcheiweißmoleküle in den Organismus des Säuglings gelangen. Kuhmilcheiweiß ist ein starkes Allergen und kann das Baby schon frühzeitig sensibilisieren.

Während der Schwangerschaft werden noch viele Ernährungsempfehlungen ausgesprochen; in der Stillzeit ist jede Frau aufs Ausprobieren angewiesen. Viele Hebammen und Stillberaterinnen sind der Meinung, Mütter sollten vom ersten Tag an essen, was ihnen schmeckt, und keine Rücksicht auf das Baby nehmen, da Kinder sehr unterschiedlich reagieren. Doch wie viele durchwachte Nächte und chaotische Tage können Sie vermeiden und dem Baby unnötige Bauchschmerzen ersparen, wenn Sie *zumindest in den ersten vier bis sechs Wochen auf blähende Speisen verzichten.* Dabei handelt es sich in der Hauptsache um Obst und Gemüse. Doch keine Sorge: Es gibt zahlreiche »ungefährliche« Sorten, mit denen sich abwechslungsreiche und schmackhafte Speisen zubereiten lassen (siehe auch Liste auf Seite 133).

Natürlich ist nicht jedes Kind gleichermaßen empfindlich. Was dem einen Säugling Bauchschmerzen verursacht, lässt den anderen völlig unbehelligt. In den ersten Wochen ist Vorsicht angebracht, denn der Darm des Neugeborenen muss seine schützende Schleimschicht erst noch aufbauen.

Zu den vielen Vorteilen der Muttermilch zählt auch die therapeutische Wirkung bei kleineren Beschwerden:

- Wenn beim Neugeborenen die Augen durch gelbliche Absonderungen verklebt sind, mit warmem Wasser auswaschen. Danach etwas Muttermilch auf den Finger geben und die Augen damit vom äußeren Augenwinkel zur Nase hin bestreichen.
- Ist die Nase Ihres Babys verstopft? Waschen Sie eine Nasentropfenpipette gut aus, ziehen Sie damit einige Tropfen Muttermilch auf und geben Sie in jedes Nasenloch zwei Tropfen davon. Sorgen Sie dafür, dass die Muttermilch in den Nasen-Rachen-Raum läuft. Legen Sie Ihr Kind danach einige Minuten auf den Bauch, damit aus der Nase alles herausfließen und das Baby wieder besser trinken kann.
- Wenn der Nabel leicht blutet, die Nabelwunde mit Muttermilch bestreichen.
- Kleine Verletzungen an Babys Haut, z.B. wenn es sich mit seinen scharfen Fingernägeln das Gesicht zerkratzt hat, heilen schneller ab, wenn sie mit Muttermilch bestrichen werden.
- Wunde Brustwarzen verheilen rasch, wenn sie mit Muttermilch eingerieben und anschließend trockengefönt werden.

Doch nun wieder zurück zum Thema Ernährung: Bitte bedenken Sie, dass alle Speisen und Getränke, die Sie zu sich nehmen, über die Muttermilch auch das Kind erreichen. Deutlich zu erkennen ist diese Tatsache, wenn Sie den Stuhlgang des Babys beobachten. In den ersten Tagen scheidet das Kind eine schwärzlich-grüne Masse aus, das so genannte Kindspech. Ungefähr am dritten bis sechsten Tag verändert sich die Farbe. Der erste Stuhl mischt sich mit Muttermilchstuhl (man spricht hier vom Übergangsstuhl). Der reine Muttermilchstuhl ist zu Anfang recht dünn und sattgelb, später wird er pastenartig. Die Farbe variiert je nachdem, was die Mutter zu sich genommen hat. Hat die Mutter z.B. viele Möhren gegessen, verfärbt sich der Stuhl leicht orange. Isst die Mutter Bananen, erscheint in der Windel des Kindes hellgelber Stuhl mit kleinen dunklen Fäden durchsetzt. Die Häufigkeit des Stuhlgangs kann ebenfalls sehr unterschiedlich sein. Solange das Baby nur Muttermilch bekommt, ist es egal, ob alle zwei Stunden die Windel voll ist oder sich nur ein- bis zweimal in der Woche Stuhlgang zeigt.

Wenn das Kind unter Blähungen leidet, schreit es oft schon 30 bis 40 Minuten nach der letzten Mahlzeit wieder, auch wenn es vorher offensichtlich satt und zufrieden eingeschlafen war. Viele Mütter werten dieses Schreien oft als ein Zeichen von Hunger und stillen erneut. Besonders wenn das Baby aufgeregt an seinen Fingern saugt, wird Hunger diagnostiziert. Da aber jeder Säugling seine Bedürfnisse nur über den Mund befriedigen kann, versucht er, sich durch Saugen und Schreien Erleichterung zu verschaffen. Zwischen den einzelnen Stillmahlzeiten sollten mindestens zwei Stunden liegen, um dem Kind Gelegenheit zu geben, die Mahlzeit vollständig zu verdauen.

Der noch unreife Darm des Neugeborenen verursacht bei der Verdauungsarbeit häufig ohnehin Schmerzen. Um die Verdauung für das Kind nicht noch schwieriger und schmerzhafter zu machen, sollten Sie in den ersten vier bis sechs Wochen der Stillzeit auf blähende Speisen verzichten.

Die folgenden Rezepte geben Ihnen Anregungen für einen abwechslungsreichen Speisezettel mit blähfreier Kost (Zutaten, die für das Baby grundsätzlich unverträglich sind – siehe Seite 135 –, sind *aufgrund der geringen Mengen unbedenklich bzw. können vorsichtig ausgetestet werden)*. Die meisten dieser leckeren Gerichte sind schnell und einfach zuzubereiten und schmecken der ganzen Familie. So können Sie auf Fertigkost weitgehend verzichten, zumal sich darin häufig Zusatzstoffe befinden, die das Baby nicht verträgt.

Viele der nachfolgenden Rezepte sind sehr gehaltvoll. Während der Stillzeit dürfen Sie mehr Sahne, Butter, Öl und andere Fette zu sich nehmen als sonst. Sie müssen zwar nicht für zwei essen, sollten aber bedenken, dass Sie mit Ihrer Ernährung *zwei* Personen sättigen müssen. Um ein Kind mit Muttermilch zu ernähren, brauchen Sie ca. 600 bis 800 kcal (2.520 kJ bis 33.360 kJ) mehr am Tag. Kalorienzählen ist überflüssig, essen Sie die normale Mischkost, die Ihnen schmeckt. *Allerdings sollten Sie in den ersten sechs bis acht Wochen bei Obst und Gemüse die blähenden Sorten konsequent meiden* (siehe auch Liste auf Seite 135).

Um den Mehrbedarf an Flüssigkeit zu decken, reicht es aus, wenn Sie zu jeder Stillmahlzeit *zusätzlich* ein großes Glas Kräutertee, mit Wasser verdünnten Saft, stilles Mineralwasser oder ein anderes (alkoholfreies) Getränk zu sich nehmen (siehe Seite 20 f.). Der Tagesflüssigkeitsbedarf liegt bei zwei bis drei Litern. Gelegentlich ein Glas Milch ist nur dann angebracht, wenn Sie Milch vertragen und mögen. Auch Kakao oder Milchmixgetränke sind nicht verboten. Doch übertreiben Sie das Trinken von Kuhmilch nicht, denn auch diese kann beim Kind Blähungen verursachen. Abgekochte Milch wird im Allgemeinen besser vertragen.

Wenn Ihr Kind vier bis sechs Wochen alt ist, können Sie blähende Gemüsesorten einzeln austesten. Essen Sie z.B. eine Portion Blumenkohl, Sauerkraut oder Ähnliches, und warten Sie die Reaktion ab. Reagiert das Kind nach sechs bis acht Stunden *nicht* mit Bauchschmerzen und Schreien, können Sie davon ausgehen, dass sein Darm schon so gut entwickelt ist, dass er dieses Gemüse toleriert.

Alle Kinder sind unterschiedlich empfindlich, manche vertragen es gut, wenn die Mutter Kohl oder Hülsenfrüchte isst, bekommen aber Blähungen, wenn sie Mineralwasser mit Kohlensäure trinkt. Es ist also auch weiterhin wichtig, den Speiseplan mit Einfühlungsvermögen und Vorsicht zu erweitern. Sollte es doch einmal schief gehen, hilft dem Baby meist eine behutsame Bauchmassage mit Majoransalbe oder Windsalbe. Außerdem können Sie Ihrem Kind ein wenig Kümmeltee zu trinken geben.

Tee für das Baby?

Da Muttermilch den Flüssigkeitsbedarf eines Babys deckt, ist eine zusätzliche Gabe von Tee eigentlich nicht nötig. Keinesfalls jedoch sollte Instant-Tee verwendet werden, denn alle so genannten Beruhigungstees enthalten in irgendeiner Form Zucker, z.B. Malzzucker, Fruchtzucker usw. (auch wenn auf der Packung der Zusatz »ohne Zucker« vermerkt ist – damit ist Kristallzucker gemeint).

Leidet das Kind häufig unter Bauchschmerzen und Blähungen, kann ein wenig Kümmeltee helfen oder, falls das Baby den strengen Kümmelgeschmack nicht mag, eine Mischung aus Kümmel, Anis und Fenchel.

Kümmeltee

1 gestrichener EL Kümmel in ½ l Wasser 10 Minuten kochen, durch ein Sieb abgießen, abkühlen lassen und 20 bis 30 ml trinkwarm füttern.

Kümmelteemischung

1 Teil Kümmel, 1 Teil Anis, 1 Teil Fenchel.
Von dieser Mischung 1 EL in ½ l Wasser 10 Minuten kochen. Durch ein Sieb abgießen, abkühlen lassen und trinkwarm füttern.

Getränke für die Mutter

Wichtig ist zunächst einmal die Menge. Zwei bis drei Liter sollte die stillende Mutter täglich trinken. Um auf diese Menge zu kommen, gewöhnt man sich praktischerweise gleich an, bei jeder Stillmahlzeit ein großes Glas Tee oder Ähnliches zu trinken. Beim Stillen haben Sie ja in der Regel immer eine Hand frei. Als Getränke eignen sich gut:

- Stilles Mineralwasser (zu viel Kohlensäure führt beim Baby zu Blähungen)
- Kräutertees: z.B. Milchbildungstee, Malventee, Früchtetee, Fencheltee, Kümmeltee (wirkt auch über die Muttermilch gegen Blähungen beim Baby). Vorsicht bei Salbei- und Pfefferminztee! Sie schränken die Milchproduktion ein. Auch Tees können als Arznei eingesetzt werden. Fragen Sie in diesen Fällen Ihren Apotheker, ob die jeweilige Sorte den Stillprozess behindert oder stört.
- Kaffee und schwarzer Tee sind beliebte Muntermacher für Erwachsene, können aber einen Säugling, der das in beiden Getränken enthaltene Koffein über die Muttermilch aufnimmt, sehr unruhig machen. Gegen zwei bis drei kleine Tassen Kaffee pro Tag ist zwar in der Regel nichts einzuwenden, aber am späten Nachmittag sollten Sie möglichst keinen Kaffee mehr trinken, wenn Ihr Baby am Abend problemlos einschlafen soll.

- Säfte mit größter Vorsicht auswählen! Auf die Bezeichnung »reiner Fruchtsaft« sollten Sie Wert legen. Nektare und Fruchtsaftgetränke enthalten nur 50 % bzw. 30 % Saft, sind aber mit so vielen Zusatzstoffen versehen, dass bei Mutter und Kind allergische Hautreaktionen oder Blähungen ausgelöst werden können.
- Auf Saft von Zitrusfrüchten, also Orangen, Zitronen, Grapefruits, sollte ganz verzichtet werden, denn diese Säfte enthalten so viele Säuren, dass das Kind mit ziemlicher Sicherheit wund wird. Geeignet ist z.B. ein guter Traubensaft, der 1: 3 mit Wasser gemischt wird.
- Milch ist eher ein Nahrungsmittel als ein Getränk, stellt aber während der Stillzeit eine gute Nahrungsergänzung dar. Wird mehr als ein Glas täglich getrunken, sollte sie abgekocht sein. Wenn Sie viel rohe Milch trinken, kann es bei empfindlichen Säuglingen zu Blähungen kommen. (Achtung, Allergien!, siehe Seite 13 ff.)
- Alkoholhaltige Getränke sollten Sie möglichst meiden! Beim Stillen nimmt der Säugling etwa 3 % der Alkoholmenge zu sich, die die Mutter getrunken hat. Selten mal ein Gläschen Sekt oder Bier schaden zwar nicht, aber Hochprozentiges wie z.B. Rum, Korn, Whisky usw. sollte nicht getrunken werden.
- Damit auch Sie unter leckeren Getränken wählen können, wenn Ihre Gäste auf Ihr Wohl und das Ihres Kindes das Glas erheben, hier einige Getränkerezepte. Vielleicht ist auch Ihr Lieblingsdrink darunter, nicht nur für die Stillzeit.

Krambambuli

Zutaten für 5 Gläser:
¾ l Tomatensaft
¼ l Sangrita picanta
Worcestersoße
Pfeffer
Jodsalz
Paprika
etwas gehackte Petersilie

Und so wird's gemacht:
Gekühlten Tomatensaft und Sangrita mischen, mit Worcestersoße und Gewürzen abschmecken, in Gläser füllen, gehackte Petersilie darüber streuen.

Südsee-Cocktail

Zutaten für 6 Gläser:
8 TL Kokosraspel
½ l Milch
¾ l Ananassaft
2 EL Instant-Kakao
6 Kugeln Schokoladeneis
⅛ l Schlagsahne
2 Scheiben Ananas

Und so wird's gemacht:
Kokosraspel, Milch, Ananassaft und Kakao vermischen. In sechs flache Gläser je eine Kugel Eis geben, mit der Milch-Saft-Mischung auffüllen, mit einer Sahnehaube krönen. Ein Stück Ananas ans Glas stecken.

Heidelbeer-Cocktail

Zutaten für 6 Gläser:
½ l Milch
100 g Magerquark
1 EL Zucker
1 Glas Heidelbeeren
zerkleinertes Eis

Und so wird's gemacht:
Milch, Quark und etwas Zucker verquirlen. Die Heidelbeeren durch ein Sieb streichen und mit dem Saft dazugeben. Über das zerkleinerte Eis schütten und sofort servieren.

Goldflip

Zutaten für 2 Gläser:
300 ml Ananassaft
100 ml stilles Mineralwasser
1 kleine Karotte, geschält und in kleine Stücke geschnitten
½ Banane
zerkleinertes Eis

Und so wird's gemacht:
Alle Zutaten kräftig mixen. In Saftgläsern servieren.

Himbeer-Buttermilch

Zutaten pro Person:
75 g Himbeeren (frisch oder tiefgefroren)
1 EL Zucker
1/8 l eiskalte Buttermilch
evtl. stilles Mineralwasser

Und so wird's gemacht:
Himbeeren mit dem Pürrierstab zerkleinern, mit dem Zucker verrühren. Die Buttermilch dazugießen, umrühren und sofort servieren. Evtl. mit stillem Mineralwasser verdünnen.

Eisbowle

Zutaten für einen Saftkrug:
3 ungespritzte Zitronen
4 Würfel Zucker
2 Flaschen (je 0,7 l) weißer Traubensaft (sehr kalt)
1 Flasche (0,7 l) stilles Mineralwasser (sehr kalt)
Eiswürfel

Und so wird's gemacht:
Zitronen unter fließendem Wasser abwaschen, anschließend abtrocknen. Die Zuckerstückchen so lange an den Zitronen reiben, bis sie ganz gelb sind. Zucker und Traubensaft in den Krug geben, gut umrühren, dann kaltstellen. Vor dem Servieren nur noch das kalte Mineralwasser und Eiswürfel dazugeben.

Bananenshake

Zutaten für 4 Gläser:
½ Tasse Apfelmus
1 Prise Zimt
2 TL Zucker
1 Banane
¾ l kalte Milch
zerkleinertes Eis
⅛ l Schlagsahne

Und so wird's gemacht:
Apfelmus mit Zimt und Zucker verrühren, zerdrückte Banane und Milch unterrühren. Zerstoßenes Eis in vier Gläser geben, den Flip darübergießen und mit einer Sahnehaube verzieren.

Frühstücksideen

Haferflockenfrühstück

Zutaten pro Person:
2 bis 3 EL kernige Haferflocken
¼ l Milch (heiß oder kalt)
½ Apfel
½ Banane
1 EL Sonnenblumenkerne
1 TL Honig

Und so wird's gemacht:
Haferflocken mit Milch übergießen, Obst in kleine Stückchen schneiden, Sonnenblumenkerne und Honig hinzufügen, alles mischen.
Abwandlung: Sie können die Milch auch durch einen Becher Joghurt oder Dickmilch ersetzen.

- Dazu ein Glas Möhrensaft, Tee und Knäckebrot.

Strammer Max

Zutaten pro Person:
1 große Scheibe Graubrot
2 Eier
Fett für die Pfanne
2 bis 3 Scheiben Salami

Und so wird's gemacht:
Das Graubrot toasten, zwei Spiegeleier braten, Brot mit Salami belegen und darauf die Spiegeleier verteilen.

- Dazu ein Becher Himbeerjoghurt und Kaffee oder Tee.

Blätterteighörnchen

Zutaten für 3 bis 4 Personen:
1 Paket Tiefkühl-Blätterteig
2 Würstchen
2 Scheiben Käse
2 Scheiben gekochter Schinken
1 Eigelb

Und so wird's gemacht:
Blätterteig auftauen lassen und etwa messerrückendick ausrollen und zu acht gleich großen Dreiecken schneiden. Würstchen, Käse und Schinken in Streifen schneiden und den Teig damit belegen. Dreiecke von der breiten Seite her aufrollen und zu Hörnchen formen. Mit Eigelb bestreichen und bei ca. 200 °C im Backofen ca. 20 bis 25 Minuten lang backen.

- Dazu Kaffee oder Tee, einen Apfel und eine rohe Möhre.

Leberwurst-Toast

Zutaten pro Person:
4 Scheiben Frühstücksspeck
2 Scheiben Graubrot
80 g Leberwurst
1 kleiner Apfel

Und so wird's gemacht:
Den Speck knusprig ausbraten und beiseite stellen. Brotscheiben in der Speckpfanne anrösten, aus dem Fett nehmen und mit Leberwurst bestreichen. Apfel schälen, Kerngehäuse ausstechen und in Scheiben schneiden. Apfelscheiben auf den Broten verteilen, Speck darauflegen und die Toasts unter dem Grill im Backofen kurz überbacken.

- Dazu ein Glas Möhrensaft und Kaffee oder Tee.

Knäckebrot mit Banane und Honig

Zutaten pro Person:
4 Scheiben Knäckebrot
Butter zum Bestreichen
1 Banane
1 EL Honig

Und so wird's gemacht:
Das Knäckebrot mit Butter bestreichen, zwei Scheiben mit Bananenscheibchen belegen und zwei Scheiben mit Honig bestreichen.

- Dazu einen Becher Milch und Kaffee oder Tee.

Herzhafte Brötchen

Zutaten pro Person:
2 Brötchen
Butter zum Bestreichen
4 Salatblätter
50 g Lachsschinken
2 Scheiben Schweizer Käse

Und so wird's gemacht:
Brötchen aufschneiden, mit Butter bestreichen, die gewaschenen und trockengetupften Salatblätter auflegen und etwas andrücken. Zwei Hälften mit Schinken, zwei Hälften mit Käse belegen.

- Dazu ein kleines Glas Möhrensaft und Kaffee oder Tee.

Mett-Toast

Zutaten pro Person:
2 Scheiben Graubrot
Butter zum Bestreichen
100 g Schweinemett
Petersilie zum Garnieren

Und so wird's gemacht:
Die Graubrotscheiben toasten und mit der Butter bestreichen. Das Mett auf die Brote verteilen. 10 Minuten lang unter dem vorgeheizten Grill im Backofen backen, herausnehmen und mit Petersilie bestreuen.

- Dazu ein kleines Glas Tomatensaft und Tee oder Kaffee.

Rührei mit Käse

Zutaten pro Person:

2 Scheiben Toastbrot
Fett für die Pfanne
2 Eier
Jodsalz
50 g geriebener Käse, z.B. Gouda
1 Tomate

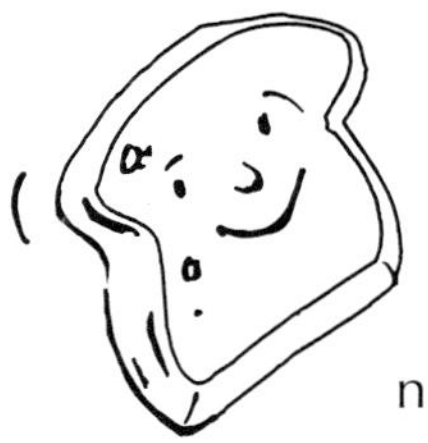

Und so wird's gemacht:

Das Brot toasten. Fett in der Pfanne erhitzen, zwei Eier hineingeben, leicht salzen und umrühren, bis die Eier gestockt sind. Käse raffeln und zum Rührei geben, nochmals umrühren und die Eier-Käse-Mischung auf die Toastscheiben verteilen. Mit Tomatenvierteln garnieren (Stielansätze zuvor entfernen).

- Dazu Kaffee oder Tee.

Mennemen

Zutaten pro Person:

2 Tomaten
2 TL Butterschmalz
2 Eier
Jodsalz und Pfeffer
1 Scheibe Graubrot

Und so wird's gemacht:

Die Tomaten in Scheiben schneiden, Stielansätze entfernen und mit Butterschmalz anbraten. Die Eier aufschlagen und zu den Tomaten geben, leicht salzen und pfeffern und die Eier unter Rühren stocken lassen. Das Brot damit belegen.

- Dazu ein Glas Möhrensaft und Kaffee oder Tee.

Früchte mit Hüttenkäse

Zutaten für 2 Personen:
1 Banane
200 g Tiefkühl-Himbeeren
300 g Hüttenkäse
3 Brötchen
Butter zum Bestreichen
1 EL Honig

Und so wird's gemacht:
Banane in Scheiben schneiden und zusammen mit den aufgetauten Himbeeren mit einer Gabel locker unter den Hüttenkäse mischen. Brötchen mit Butter und Honig bestreichen und dazu essen.

- Dazu Kaffee oder Tee.

Frischkostbrote

Zutaten pro Person:
2 Scheiben Graubrot
Butter zum Bestreichen
100 g Hüttenkäse
2 Tomaten
Jodsalz und Pfeffer
½ Kästchen Kresse
1 Möhre und 1 Banane

Und so wird's gemacht:
Brot mit Butter und Hüttenkäse bestreichen. Tomaten und Möhre waschen und putzen. Tomaten in Scheiben schneiden, Stielansätze entfernen und auf den Käsebroten verteilen. Salzen, pfeffern und mit Kresse bestreuen. Möhre und Banane dazu essen.

- Dazu Kaffee oder Tee.

Käsesnack

Zutaten für 2 Personen:
4 Scheiben Vollkorntoast
200 g Hüttenkäse
Jodsalz
Pfeffer
2 Scheiben Kochschinken
4 Scheiben Emmentaler
½ Apfel
1 Möhre

Und so wird's gemacht:
Toastscheiben mit Hüttenkäse bestreichen, salzen und pfeffern. Kochschinken klein schneiden, auf den Käsebroten verteilen und je eine Scheibe Emmentaler auflegen. Unter dem Grill im Backofen überbacken, bis der Käse zerläuft. Mit Apfelschnitten und Möhrenscheiben garnieren.

- Dazu Kaffee oder Tee.

Salate

Pikanter Karottensalat

Zutaten für 2 Personen:
250 g Karotten
100 g Räucherschinken
1 EL Kokosraspel

Zutaten für die Soße:
3 EL Mayonnaise
1 TL Zitronensaft
3 EL Wasser

Und so wird's gemacht:
Karotten waschen, schälen und raffeln. Schinken in kleine Würfel schneiden und mit den Kokosraspeln unter die Karotten mischen. Für die Soße die Mayonnaise mit Zitronensaft und Wasser verrühren. Soße über die Karotten gießen und den Salat gut durchmischen. Vor dem Servieren einige Zeit durchziehen lassen.

Grüner Spargelsalat

Zutaten für 4 Personen:
500 g grüner Spargel
1 Prise Zucker

Zutaten für die Soße:
1 EL Apfelessig
1 EL süßer Senf
½ TL Jodsalz
2 EL Sonnenblumenöl
2 EL gehackte Kräuter
4 EL Spargelkochwasser

Und so wird's gemacht:
Spargel waschen, die unteren holzigen Enden entfernen und in wenig Salzwasser mit einer Prise Zucker garen (die Garzeit hängt von der Dicke der Spargelstangen ab). Spargel mit einer Schaumkelle herausnehmen und auf einer länglichen Platte anrichten. Für die Soße alle angegebenen Zutaten miteinander verrühren und gleichmäßig über den Spargel gießen. Salat vor dem Servieren ca. 1 Stunde lang durchziehen lassen.

Salat Nino

Zutaten für 4 Personen:
1 Kopf grüner Salat
2 Bananen
1 TL Zitronensaft
2 EL gehackte Mandeln

Zutaten für die Soße:
2 TL süßer Senf
2 TL Apfelessig
8 EL Wasser
1 Prise Jodsalz
1 Prise Zucker

Und so wird's gemacht:
Kopfsalat waschen, abtropfen lassen und die Blätter in mundgerechte Stücke teilen. Bananen in ½ cm dicke Scheiben schneiden, mit Zitronensaft beträufeln und zum Salat geben. Für die Soße Senf, Essig, Wasser und Gewürze mischen und über den Salat gießen. Mit den Mandeln bestreuen.

Tomaten mit Mozzarella

Zutaten für 2 Personen:
250 g Tomaten
1 Bund Basilikum
200 g Mozzarella
2 TL Aceto Balsamico

Und so wird's gemacht:
Tomaten und Basilikum waschen. Die Tomaten in Scheiben schneiden, Stielansätze entfernen. Tomatenscheiben auf einer Servierplatte anrichten, auf jede Scheibe ein Stück Mozzarella und ein Blatt Basilikum legen. Alles mit Aceto Balsamico beträufeln.

Fenchel-Friseesalat mit Avocado

Zutaten für 4 Personen:

2 Fenchelknollen
1 Friseesalat
1 reife Avocado
1 Bund Dill
1 TL Zitronensaft
100 g Sahnejoghurt
4 EL süße Sahne
½ TL Jodsalz
Pfeffer aus der Mühle
2 EL Olivenöl
2 EL Sesamsamen

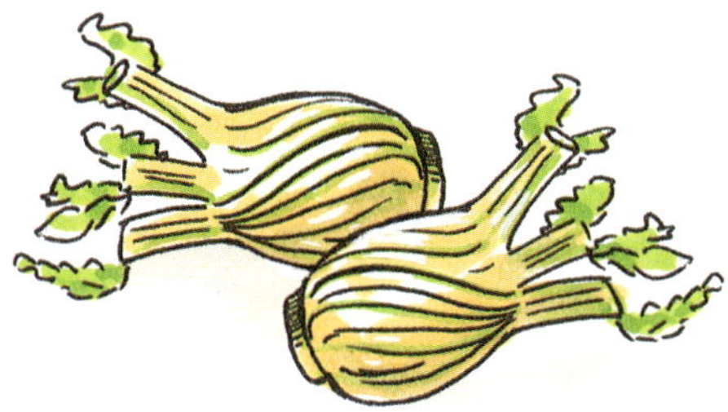

Und so wird's gemacht:

Fenchelknollen waschen, putzen, grüne Blättchen zum Bestreuen des Salates beiseite legen. Knollen halbieren und quer zur Faser in dünne Streifen schneiden. Friseesalat putzen, waschen und trockenschwenken. Salatblätter in Streifen schneiden. Dill waschen und fein hacken. Avocado halbieren, den Kern herauslösen, die Avocadohälften schälen und würfeln. All diese Zutaten mit Zitronensaft beträufeln und in einer Schüssel mischen. Für die Salatsoße Joghurt, Sahne, Salz, Pfeffer und Öl verrühren, über den Salat geben und vorsichtig unterheben. Fein gehackte Fenchelblättchen und Sesam über den angerichteten Salat streuen.

Bunter Spargelsalat

Zutaten für 4 Personen:
1 Dose Spargel (Abtropfgewicht ca. 500 g)
1 mittelgroßer Apfel
2 mittelgroße Möhren
½ Bund Petersilie
1 EL gehackte Mandeln

Zutaten für die Soße:
125 g Mayonnaise
3 EL Spargelwasser
etwas Zitronensaft
1 Prise Jodsalz

Und so wird's gemacht:
Spargel abtropfen lassen. Äpfel und Möhren waschen, schälen und raffeln, Petersilie waschen und hacken. Alles mit den gehackten Mandeln mischen. Die Soße aus den angegebenen Zutaten bereiten und über den Salat gießen. Vorsichtig durchmischen und vor dem Servieren etwas ziehen lassen.

Feldsalat mit Speck und Blauschimmelkäse

Zutaten für 4 Personen:
75 g Schinkenspeck
2 EL Essig
½ TL Jodsalz
1 Prise Zucker
Pfeffer aus der Mühle
1 TL süßer Senf
3 EL Sonnenblumenöl
200 g Feldsalat
50 g Blauschimmelkäse, z.B. Gorgonzola

Und so wird's gemacht:
Den Speck in feine Würfel schneiden und kross ausbraten. Speckwürfel aus dem Fett nehmen und auf Küchenkrepp abtropfen lassen. Aus Essig, Salz, Zucker, Pfeffer, Senf und Öl eine Vinaigrette rühren. Den Feldsalat putzen, waschen und gut abtropfen lassen. Danach mit der Vinaigrette anmachen. Den Käse zerbröckeln und mit den Speckwürfeln über den Salat verteilen. Sofort servieren.

Pikanter Käsesalat mit Krabben

Zutaten für 6 Personen:

200 g Pikantje Gouda
3 mittelgroße Äpfel
1 TL Zitronensaft
150 g Nordseekrabben
140 g saure Sahne
1 guten EL Zitronensaft
1 TL süßer Senf
½ TL Jodsalz
eine Prise weißer Pfeffer
einige Blätter Eisbergsalat

Und so wird's gemacht:

Den Gouda in feine Streifen oder kleine Würfel schneiden. Die Äpfel waschen, halbieren, entkernen, in Würfel schneiden und mit etwas Zitronensaft beträufeln. Alle Salatzutaten einschließlich der Krabben locker durchmischen. Aus saurer Sahne, Zitronensaft, Senf, Salz und Pfeffer eine Soße rühren, diese über den Salat geben und gut mischen. Den Salat längere Zeit durchziehen lassen. Die Blätter des Eisbergsalats waschen, in grobe Streifen schneiden und auf eine Platte legen.
Den Salat darauf anrichten.

Bunter Kartoffelsalat

Zutaten für 4 Personen:

1 kg festkochende Kartoffeln
¼ l Gemüsebrühe
2 TL Kräutersenf
3 EL Weinessig
5 EL Sonnenblumenöl
2 mittelgroße Tomaten
¼ Eisbergsalat (mittelgroßer Kopf)
50 g Feldsalat
1 kleinen Radicchio
1 Bund Petersilie
Jodsalz
Pfeffer aus der Mühle
½ Kästchen Kresse

Und so wird's gemacht:

Kartoffeln waschen und mit der Schale weich kochen. Anschließend pellen und noch heiß in Scheiben schneiden. Für die Salatsoße Brühe mit Senf, Essig und Öl verrühren, über die Kartoffelscheiben gießen und alles mischen. Tomaten waschen, Stielansätze herausschneiden und achteln. Blattsalate putzen, waschen und trockenschwenken. Große Blätter in Streifen schneiden, Petersilie waschen und hacken. Alles unter den Kartoffelsalat geben, mit Salz und Pfeffer abschmecken und mit Kresse bestreut servieren.

Chicoréesalat mit Bananen

Zutaten für 4 Personen:
500 g Chicorée
100 g Bananen, geschält
1 TL Obstessig
1 Prise Kräutersalz

Zutaten für die Soße:
100 g Joghurt natur
50 ml saure Sahne
1 TL Currypulver, mild
1 TL Honig
1 Prise Kräutersalz
1 EL Distelöl
1 Bund Dill, gehackt

Und so wird's gemacht:
Den gewaschenen, halbierten und vom bitteren Kern befreiten Chicorée in breite Ringe schneiden. Bananen in Scheiben schneiden und vorsichtig unter den Chicorée mischen. Mit Obstessig und Kräutersalz marinieren. Aus den übrigen Zutaten eine Salatsoße herstellen und alles miteinander vermischen.

Rapunzel-Fenchel-Salat

Zutaten für 4 Personen:
250 g Fenchel
150 g Feldsalat (Rapunzelsalat)
1 großer säuerlicher Apfel
200 g saure Sahne
2 EL Obstessig
1 TL Honig
1 TL Senf
1 Prise Jodsalz
1 TL Sojasoße
gehacktes Fenchelgrün

Und so wird's gemacht:
Eine Salatsoße aus saurer Sahne, Obstessig und den übrigen Gewürzzutaten rühren. Den Fenchel waschen, Strunk jeweils entfernen, halbieren und in feine Streifen schneiden. Feldsalat gut waschen und trockenschleudern. Apfel waschen, würfeln und alles unter die Salatsoße heben. Mit gehacktem Fenchelgrün bestreuen.

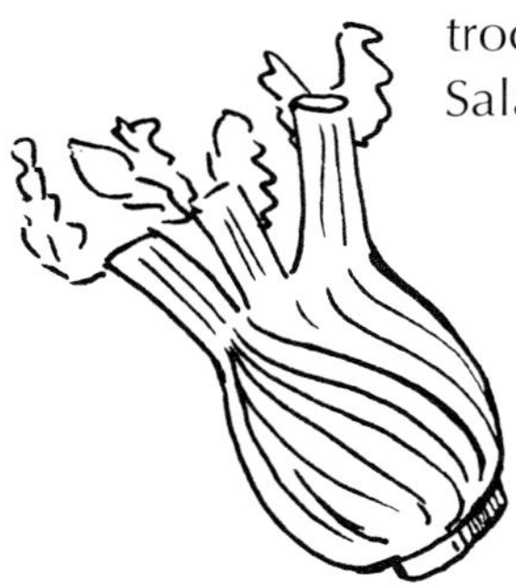

Möhrenrohkost

Zutaten für 1 Person:
1 Möhre
1 Apfel
etwas Zitronensaft
Honig

Und so wird's gemacht:
Möhre und Apfel raffeln, mit etwas Zitronensaft und Honig abschmecken.

Fenchelsalat

Zutaten für 4 Personen:
500 g Fenchel
1 Prise Jodsalz
1/8 l Wasser
2 EL Weinessig
1 Prise Zucker
1 EL saure Sahne
gehackte Petersilie

Und so wird's gemacht:
Die Fenchelknollen säubern, in dünne Scheiben schneiden und in Salzwasser 10 Minuten lang garen. Unter Verwendung des Gemüsewassers aus den angegebenen Zutaten eine Soße herstellen und über die abgetropften Fenchelscheiben gießen.

Suppen

Fenchelsuppe

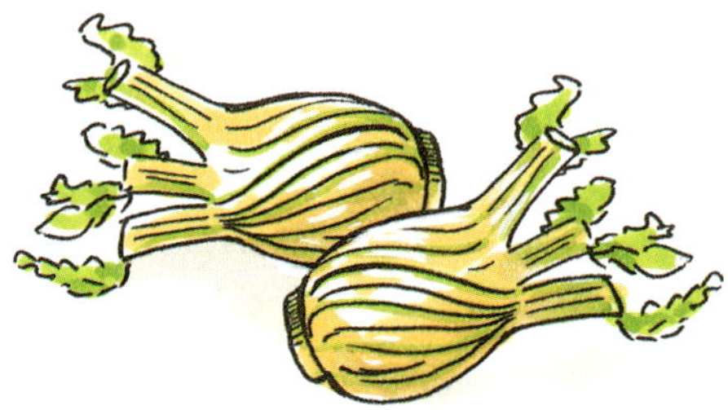

Zutaten für 4 Personen:
2 Fenchelknollen
1 große Kartoffel
¾ l Wasser
1 TL Fenchelsamen
¼ TL Aniskörner
1 TL Jodsalz
100 ml saure Sahne
1 Messerspitze weißer Pfeffer
1 Bund Dill

Und so wird's gemacht:
Die Fenchelknollen putzen, waschen und in Scheiben schneiden, etwas Fenchelgrün zurückbehalten. Die Kartoffeln waschen, schälen und würfeln. Fenchel und Kartoffeln mit den Fenchelsamen, den Aniskörnern und dem Salz im Wasser ca. 20 Minuten lang kochen. Den Topf von der Kochstelle nehmen und mit einem Pürierstab das Gemüse zerkleinern, dabei gleich die Sahne untermischen. Die Suppe mit Salz und Pfeffer abschmecken und bei Bedarf noch etwas Wasser hinzufügen. Mit gehacktem Fenchelgrün und Dill bestreut servieren.

- Falls Sie die Fenchelsamen und Aniskörner nicht in der Suppe haben möchten, dann kochen Sie diese in einem Tee-Ei mit.

Kartoffelsuppe mit Krabben

Zutaten für 4 Personen:

500 g Kartoffeln
1 kleine Fenchelknolle
1 l Gemüsebrühe
1 Bund Dill
Jodsalz
Pfeffer aus der Mühle
100 g Crème fraîche
1 EL süßer Senf
100 g Nordseekrabben

Und so wird's gemacht:

Kartoffeln schälen, waschen, vierteln. Die Viertel in dünne Scheiben schneiden. Die Fenchelknolle putzen, waschen und in dünne Streifen schneiden. Beides ca. 15 Minuten lang in der Brühe garen. Dill waschen, hacken und in die Suppe geben. Die Suppe mit Salz und Pfeffer abschmecken. Crème fraîche und Senf verrühren. Suppe in vorgewärmte Suppentassen füllen, mit Senfsahne und Krabben garniert servieren.

Kartoffelsuppe mit Lachsstreifen

Zutaten für 4 Personen:

250 g mehlig kochende Kartoffeln
100 g Möhren
100 g Sellerie
1 TL Butter
¾ l Wasser
1 Stängel Selleriegrün
¼ TL Selleriesalz
6 EL süße Sahne
100 g Räucherlachs
2 EL gehackte Petersilie

Und so wird's gemacht:

Kartoffeln, Möhren und Sellerie waschen, putzen und in kleine Stücke schneiden. Butter in einem Topf schmelzen lassen und das Gemüse darin wenden, bis es glänzt. Wasser angießen, Selleriegrün und Salz hinzugeben und ca. 20 Minuten lang auf kleiner Flamme kochen. Selleriegrün herausnehmen und die Suppe mit einem Pürierstab pürieren. Sahne unterrühren und abschmecken. Räucherlachs in feine Streifen schneiden und in die Suppe geben. Mit gehackter Petersilie bestreut servieren.

Romanasuppe

Zutaten für 4 Personen:

1 Kopf römischer Salat (etwa 1 kg)
200 g durchwachsener Speck
1 l Fleischbrühe
Jodsalz
½ TL gerebelter Majoran
4 dicke Scheiben altbackenes Weißbrot
4 EL geriebener Käse, z.B. Emmentaler

Und so wird's gemacht:

Den Salat putzen, waschen, gut abtropfen lassen und in ca. 3 cm breite Querstreifen schneiden und waschen, gut abtropfen lassen. Evtl. die Streifen nochmals klein schneiden. Speck würfeln und in einem Topf ausbraten. Salat hineingeben, mit dem Speck vermischen und zusammenfallen lassen. Fleischbrühe angießen, mit Salz und Majoran würzen und einmal aufkochen lassen. Weißbrotscheiben im Toaster rösten. Suppe in feuerfeste Suppentassen füllen, mit je einer Weißbrotscheibe belegen und mit Käse bestreuen. Im vorgeheizten Backofen bei 200 °C 10 Minuten überbacken.

Staudenselleriesuppe

Zutaten für 4 Personen:

30 g Butterschmalz
40 g Mehl
1 l Gemüsebrühe
100 g saure Sahne
2 Stangen Staudensellerie
Jodsalz
weißer Pfeffer
gehacktes Selleriegrün

Und so wird's gemacht:

Butterschmalz erhitzen, Mehl einrühren, Topf von der Kochstelle nehmen, Gemüsebrühe unter ständigem Rühren aufgießen, dann ca. 5 Minuten lang köcheln lassen. Den Staudensellerie waschen, putzen (dabei die harten Fäden an den Seiten abziehen) und in feine Ringe schneiden. Diese in die Suppe geben und 3 bis 4 Minuten lang köcheln lassen. Temperatur zurück nehmen, die saure Sahne in die Suppe rühren und mit Salz und Pfeffer abschmecken. Vor dem Servieren mit gehacktem Selleriegrün bestreuen.

Grüne Haferflockensuppe

Zutaten für 4 Personen:
¼ Knolle Sellerie (ca. 100 g)
25 g Butterschmalz
½ l Hühner- oder Gemüsebrühe
3 EL Kölln Instant Haferflocken
3 EL gehackte Kresse
3 EL gehackte Petersilie
6 EL saure Sahne
1 EL geriebener Parmesan
Jodsalz
Pfeffer aus der Mühle
1 Prise Muskat

Und so wird's gemacht:
Sellerie putzen, waschen und in sehr kleine Würfel schneiden. In dem heißen Butterschmalz kurz anrösten, die Brühe aufgießen und 10 Minuten lang auf kleiner Flamme köcheln lassen. Topf vom Herd nehmen und die Haferflocken mit dem Schneebesen einrühren. Die Suppe nochmals kurz aufkochen lassen. Kresse und Petersilie zufügen und mit einem Pürierstab oder im Mixer pürieren. Sahne und Parmesankäse unterrühren und mit den Gewürzen abschmecken.

Gemüsesuppe

Zutaten für 4 Personen:
200 g Staudensellerie
1 Fenchelknolle
4 Möhren
1 mittelgroße Kartoffel
25 g Butter
1 l Fleischbrühe
1 EL Sojasoße
Pfeffer aus der Mühle
evtl. ½ TL Jodsalz
½ Bund Petersilie

Und so wird's gemacht:
Staudensellerie und Fenchelknolle waschen, putzen und in feine Streifen schneiden. Das zarte Grün beiseite legen. Möhren und Kartoffeln waschen, schälen und ebenfalls in feine Streifen schneiden. Butter in einem Topf zerlassen und das Gemüse darin ca. 5 Minuten lang dünsten. Die Brühe zugießen und auf kleiner Flamme ca. 15 Minuten lang weiterköcheln lassen. Suppe mit Sojasoße und Pfeffer würzen, bei Bedarf noch etwas Salz hinzugeben. Selleriekraut, Fenchelgrün und Petersilie waschen, hacken und vor dem Servieren über die Suppe streuen.

Schnelle Kerbelsuppe

Zutaten für 4 Personen:

200 g Schinkenspeck
1 EL Sonnenblumenöl
3 mittelgroße Möhren
50 g Petersilienwurzel
¼ Sellerieknolle (ca. 100 g)
500 g Kartoffeln
1 ¼ l Fleischbrühe
Jodsalz
100 ml saure Sahne
4 EL gehackte Kerbelblätter
geröstete Weißbrotwürfel oder Backerbsen

Und so wird's gemacht:

Schinkenspeck in Würfel schneiden und in einem großen Topf mit dem Öl anbraten. Möhren, Petersilienwurzel und Sellerie waschen, putzen und würfeln, zum Schinkenspeck geben und andünsten. Die geschälten Kartoffeln würfeln und zusammen mit der Fleischbrühe in den Topf geben. Alles ca. 20 Minuten lang kochen lassen (bei einem Schnellkochtopf nur 8 bis 10 Minuten). Wenn die Kartoffeln gar sind, die Suppe salzen und mit Sahne verfeinern. Den Kerbel hinzufügen. Vor dem Servieren die Suppe mit gerösteten Weißbrotwürfeln oder Backerbsen bestreuen.

Tomatensuppe mit Käseklößchen

Zutaten für 4 Personen:

Käseklößchen
30 g Butter
1 Ei
50 g geriebener Käse
1 Prise Jodsalz
Pfeffer aus der Mühle
1 Prise Muskat
100 g Vollkornmehl

Tomatensuppe
1 kg Tomaten
100 g Sellerie
1 Bund gemischte Kräuter
(z.B. Oregano, Petersilie, Kerbel)
¼ l Gemüsebrühe
100 g Crème fraîche
Jodsalz, Pfeffer aus der Mühle, Zucker
1 Bund Petersilie

Und so wird's gemacht:

Für die Klößchen die Butter schaumig rühren, Ei, Käse, Salz, Pfeffer und Muskat unterrühren, zum Schluss das Mehl. Den Teig kühl stellen. Die Tomaten und den Sellerie waschen, putzen und in kleine Würfel schneiden. Die Kräuter waschen und hacken. Gemüse und Kräuter in der Brühe aufkochen und bei schwacher Hitze 10 Minuten lang kochen lassen. Mit dem Pürierstab alles zerkleinern.

Reichlich Wasser mit Salz aufkochen. Mit zwei Teelöffeln kleine Klößchen vom Teig abstechen und 10 Minuten lang bei schwacher Hitze im Salzwasser kochen.Crème fraîche in die Tomatensuppe rühren, Suppe mit Salz, Pfeffer und Zucker abschmecken. Die Klößchen mit einem Schaumlöffel aus dem Salzwasser heben, in die Suppe legen und alles mit gehackter Petersilie bestreuen.

Aufläufe

Nudelauflauf mit Käse

Zutaten für 4 Personen:
200 g Vollkornnudeln
Jodsalz
40 g Butter
40 g Mehl
½ l Milch
2 Eigelb
125 g geriebener Käse, z.B. Emmentaler
2 Eischnee
Margarine zum Einfetten

Und so wird's gemacht:
Die Nudeln in Salzwasser bissfest kochen, dann in einem Sieb abtropfen lassen. Aus Butter, Mehl und Milch eine Soße kochen, und zwar folgendermaßen: Von der kalten Milch 6 EL abnehmen und das Mehl damit anrühren. Die restliche Milch zum Kochen bringen, von der Kochstelle nehmen und unter ständigem Rühren das angerührte Mehl zufügen. Nochmals kurz aufkochen und die Butter einrühren. Dann zwei mit etwas Soße verquirlte Eigelb und den Käse einrühren. Zum Schluss den Eischnee unterziehen, die Soße mit den Nudeln vermischen und in eine eingefettete Auflaufform geben. Ca. 25 bis 30 Minuten lang im vorgeheizten Backofen bei ca. 200 °C backen.

- Dazu passt Feldsalat.

Chinakohlauflauf mit Pistazien

Zutaten für 4 Personen:

800 g Chinakohl
2 EL Sonnenblumenöl
Jodsalz
Pfeffer aus der Mühle
3 Eier
500 g Quark (20 % Fett)
125 g saure Sahne
1 Prise Muskat
Margarine zum Einfetten
50 g gehackte Pistazien
100 g geriebener Emmentaler

Und so wird's gemacht:

Den Chinakohl halbieren, vom Strunk befreien, in dünne Streifen schneiden, waschen und gut abtropfen lassen. Das Öl in der Pfanne erhitzen, den Chinakohl darin kurz andünsten und mit Salz und Pfeffer würzen. Die Eier trennen. Die Eigelbe mit Quark und saurer Sahne gut verquirlen und mit Salz, Pfeffer und Muskat würzen. Die Eiweiße steif schlagen und unter die Quarkmasse heben. Eine Auflaufform einfetten und die Hälfte der Quarkmasse einfüllen. Mit dem Chinakohl bedecken und mit den gehackten Pistazien bestreuen. Die zweite Quarkhälfte darauf verteilen und mit geriebenem Käse bestreuen. Im vorgeheizten Backofen bei 200 °C ca. 30 Minuten lang backen.

- Dazu passt die Möhrenrohkost von Seite 43.

Gefüllte Kräutertomaten

Zutaten für 4 Personen:

12 feste, reife mittelgroße Tomaten
400 g gemischtes Hackfleisch
3 EL gehackte Kräuter (Petersilie, Kresse, Basilikum)
3 EL Semmelbrösel
½ TL Jodsalz
Pfeffer aus der Mühle
1 Ei
100 g saure Sahne
1 Prise Selleriesalz

Und so wird's gemacht:

Tomaten waschen und die oberen Drittel als Deckel abschneiden. Das Innere mit einem Teelöffel auskratzen und zusammen mit dem Hackfleisch in eine Schale geben. Kräuter, Semmelbrösel, Gewürze und Ei zugeben und alles gründlich vermengen. Tomaten mit der Fleischmasse füllen und den Deckel wieder darauf setzen. Saure Sahne mit Selleriesalz und einer Prise Pfeffer würzen und in eine Auflaufform geben. Dann die gefüllten Tomaten hineinsetzen und im vorgeheizten Backofen bei 200 °C ca. 20 Minuten lang backen.

- Dazu schmeckt am besten Reis.

Chicoréeauflauf

Zutaten für 4 Personen:

800 g Chicorée
1 EL Sonnenblumenöl
evtl. etwas Gemüsebrühe
Margarine zum Einfetten
100 g Crème fraîche
2 Eier
½ TL Jodsalz
¼ TL Curry
1 Prise Muskat
100 g geriebener Goudakäse
3 EL Sonnenblumenkerne

Und so wird's gemacht:

Den Chicorée waschen, putzen, halbieren und den bitteren Kern kegelförmig herausschneiden. Auf dem Sieb abtropfen lassen. Öl in einen großen Topf geben und den Chicorée darin ca. 10 Minuten lang dünsten lassen, evtl. etwas Brühe dazugießen. Eine Auflaufform einfetten und den Chicorée darin verteilen. Die Crème fraîche, die Eier und die Gewürze vermischen und über das Gemüse gießen. Zum Schluss den geriebenen Käse und die Sonnenblumenkerne darüber streuen. Den Auflauf im vorgeheizten Backofen bei 200 °C ca. 30 Minuten lang backen.

- Dazu schmeckt am besten Reis.

Auberginenpfanne

Zutaten für 2 Personen:
2 große Auberginen
Jodsalz
2 EL Margarine
100 g gekochter Schinken
1 Glas trockener Weißwein
2 Eier
6 EL saure Sahne
Pfeffer aus der Mühle

Und so wird's gemacht:
Auberginen schälen, in 1 ½ cm dicke Scheiben schneiden und mit Salz bestreuen. Ca. 30 Minuten lang ziehen lassen. Dann die ausgetretene Flüssigkeit mit Küchenkrepp von den Scheiben tupfen. In einer großen Bratpfanne die Margarine erhitzen und die Auberginenscheiben von beiden Seiten anbraten. Schinken würfeln, zufügen und mit Wein ablöschen. Deckel auf die Pfanne setzen und bei milder Hitze alles 10 Minuten lang köcheln lassen. Inzwischen Eier, Sahne, Pfeffer und Salz mischen. Wenn die Auberginen gar sind, die Eiermilch darüber gießen und stocken lassen.

- Mit Toast oder Reis servieren.

Möhrenauflauf

Zutaten für 4 Personen:
2 Putenschnitzel (je ca. 200 g)
1 EL Sonnenblumenöl
500 g Kartoffeln
500 g Möhren
Pfeffer aus der Mühle
¼ TL Jodsalz
1 TL Thymian
Margarine zum Einfetten
100 g geriebener Emmentaler
¼ l Milch
2 Eier

Und so wird's gemacht:

Putenfleisch in Streifen schneiden und in einer Pfanne mit Öl anbraten. Anschließend aus dem Öl nehmen und beiseite stellen. Kartoffeln und Möhren waschen, schälen und auf einer Rohkostreibe grob raspeln. Die Gemüseraspel mit den Putenstreifen mischen und mit Pfeffer, Salz und Thymian würzen. Alles in eine eingefettete Auflaufform geben und die Oberfläche glattstreichen. Käse und Eier mit der Milch verquirlen und gleichmäßig über die Mischung gießen. Im vorgeheizten Backofen ca. 45 Minuten lang bei 200 °C backen.

- Mit Petersilienkartoffeln oder Reis servieren.

Kartoffelauflauf mit Käse

Zutaten für 4 Personen:
1 kg Pellkartoffeln (abgekühlt)
evtl. etwas Jodsalz
Margarine zum Einfetten
200 g geriebenen Schweizer Käse
3/8 l saure Sahne oder Milch
2 Eier
evtl. 2 EL Semmelbrösel
30 g Butter

Und so wird's gemacht:
Die Pellkartoffeln in Scheiben schneiden und evtl. mit Salz bestreuen, falls der Käse eher mild ist. Die Hälfte der Kartoffelscheiben in eine gefettete feuerfeste Form geben und den Käse bis auf 2 EL auf die Kartoffeln streuen. Die andere Hälfte der Kartoffelscheiben darauf legen. Sahne/Milch, Eier, Salz verquirlen und über das Gemüse gießen, mit dem restlichen Käse und evtl. mit Semmelbrösel bestreuen. Einige Butterflocken darüber geben und im Backofen ca. 20 bis 30 Minuten lang bei 200 °C backen.

- Mit grünem Salat reichen.

Fenchel-Hack-Auflauf

Zutaten für 4 Personen:

600 g Fenchel
250 g Möhren
400 g Rinderhack
Jodsalz
Pfeffer aus der Mühle
20 g Mehl
je 1/8 l Brühe und Milch
200 g geriebenen Gouda
1 Eigelb
Margarine zum Einfetten
1 Prise Muskat
½ TL Kümmel
1 EL Sonnenblumenkerne

Und so wird's gemacht:
Fenchel waschen und putzen. Fenchelgrün beiseite legen. Knollen erst in Achtel, dann in dünne Scheiben schneiden. Möhren waschen, putzen und ebenfalls in dünne Scheiben schneiden. Das Gemüse in Salzwasser drei bis vier Minuten lang kochen. Hackfleisch in einer Pfanne anbraten (ohne Fett), mit Salz und Pfeffer würzen. Für die Bechamelsoße das Butterschmalz erhitzen und das Mehl einrühren. Topf von der Kochstelle nehmen und die Mehlschwitze mit Brühe und Milch unter ständigem Rühren aufgießen und aufkochen lassen. Die Hälfte des Käses dazugeben. Eigelb mit 2 EL Soße mischen und dann in die restliche Soße rühren. Nicht mehr kochen lassen. Mit Salz, Pfeffer und Muskat abschmecken. Eine Auflaufform einfetten und abwechselnd Gemüse, Bechamelsoße, Kümmel und Hackfleisch einschichten. Mit einer Schicht Bechamelsoße abschließen. Den restlichen Käse über den Auflauf verteilen und diesen ca. 30 bis 40 Minuten lang bei 200 °C im vorgeheizten Backofen backen. Vor dem Servieren mit Sonnenblumenkernen und gehacktem Fenchelgrün bestreuen.

- Mit Reis servieren.

Spinatgratin

Zutaten für 4 Personen:
1 kg Spinat
2 EL Butter
Jodsalz
Pfeffer aus der Mühle
400 g Möhren
½ TL Zucker
¼ l Fleischbrühe
Margarine zum Einfetten
200 ml saure Sahne
100 ml Milch
1 Ei
3 EL Semmelbrösel
20 g Butterflocken

Und so wird's gemacht:
Den Spinat putzen, waschen, grob hacken und in 1 EL Butter dünsten. Wenn der Spinat zusammengefallen ist, mit Salz und Pfeffer würzen. Möhren waschen, schälen, in 3 mm dicke Scheiben schneiden und in 1 EL Butter 2 bis 3 Minuten lang dünsten. Mit wenig Salz, Pfeffer und Zucker abschmecken und die Fleischbrühe dazugießen. Nochmals einige Minuten kochen lassen. Das Gemüse soll nur knapp gar sein. Eine ofenfeste Form mit Margarine einfetten und den Spinat hineinlegen. Die Möhrenscheiben dachziegelartig um den Spinat herumlegen. Die saure Sahne mit der Milch und dem Ei verrühren und mit den Semmelbröseln über das Gemüse verteilen, anschließend mit Butterflocken belegen. Im vorgeheizten Backofen 20 Minuten lang bei 250 °C backen. In der Auflaufform servieren.

- Dazu passen Pellkartoffeln.

Tomaten-Quiche

Zutaten für 4 Personen:

200 g Mehl
½ TL Jodsalz
1 Eigelb
2 EL Eiswasser
150 g weiche Butter
150 g durchwachsener Speck
1 kg Fleischtomaten
Margarine zum Einfetten
4 Eier
¼ l Milch
Jodsalz
Pfeffer aus der Mühle
2 Bund Basilikum

Und so wird's gemacht:

Mehl, Salz, Eigelb, Eiswasser und Butter zu einem glatten Teig verkneten und etwa 1 Stunde kaltstellen. Für die Füllung den Speck zunächst in Scheiben, dann in Streifen schneiden und in einer Pfanne kross ausbraten. Die Tomaten mit kochendem Wasser überbrühen und häuten, vierteln, vom Stielansatz befreien und entkernen. Den Teig ausrollen und eine eingefettete Quicheform damit auslegen, am Rand festdrücken. Mit einer Gabel mehrmals einstechen und im vorgeheizten Backofen bei 200 °C ca. 10 Minuten lang vorbacken. Den Speck darauf verteilen, die Eier mit der Milch verquirlen und über den Speck geben. Die Tomaten darauflegen, mit Salz und Pfeffer würzen. Basilikum waschen, hacken und auf die Tomaten streuen. Weitere 30 Minuten lang bei 200 °C backen.

- Mit Feldsalat servieren.

Spinattorte

Zutaten für 12 Tortenstücke:
150 g Weizenmehl (Type 1050)
150 g Magerquark
100 g Butter
Jodsalz
1 Packung Tiefkühl-Spinat (450 g)
Pfeffer aus der Mühle
1 Prise Muskat
1 ½ EL Butterschmalz
3 EL Mehl
200 ml saure Sahne
4 Eier
Margarine zum Einfetten

Und so wird's gemacht:
Aus Mehl, Quark und Butter einen Teig kneten, mit Salz abschmecken und über Nacht im Kühlschrank ruhen lassen. Spinat auftauen, mit Pfeffer und Muskat würzen. Butterschmalz erhitzen, Mehl darin anschwitzen, saure Sahne zugießen und 5 Minuten lang unter ständigem Rühren kochen lassen. Topf vom Herd nehmen und nach und nach Eier unterrühren, mit Salz und Pfeffer abschmecken.
2/3 der Masse unter den Spinat rühren. Teig rund ausrollen, in eine eingefettete Springform geben und einen Rand formen. Teig mehrmals mit einer Gabel einstechen und die Spinatmasse darauf verteilen. Das restliche 1/3 der Sahnemasse darüber gießen. Im vorgeheizten Backofen bei 200 °C ca. 35 Minuten lang backen. Anschließend in 12 Stücke schneiden und noch heiß servieren.

Peterling

Zutaten für 12 Stücke:

400 g Mehl
*8 g Trockenhefe**
150 ml lauwarmes Wasser
1 Prise Zucker
Jodsalz
100 g Butter
4 Bund Petersilie
150 g Frühstücksspeck (Bacon)
2 Becher süße Sahne
2 Eier
Pfeffer aus der Mühle
Margarine zum Einfetten

Und so wird's gemacht:

Mehl, Hefe, Wasser, Zucker, 1 TL Salz und Butter in eine Schüssel geben, alles zu einem glatten Teig verkneten und zugedeckt an einem warmen Ort aufgehen lassen. Die gewaschene Petersilie grob hacken, den Speck fein würfeln. Die Sahne mit den Eiern verquirlen und mit Salz und Pfeffer würzen. Den Teig nochmals durchkneten, auf einem eingefetteten Backblech glattrollen und mit der Petersilie bestreuen und die Sahnemischung darüber gießen. Speck gleichmäßig darauf verteilen. Im vorgeheizten Backofen bei 200 °C ca. 25 bis 30 Minuten lang backen und nochmals zugedeckt gehen lassen. Anschließend noch warm servieren.

* Vorsichtig testen, denn manche Babys vertragen kein frisches Hefegebäck.

Spinatgratin mit Putenbrust

Zutaten für 4 Personen:

1 kg junger Blattspinat (ersatzweise 600 g Tiefkühl-Spinat)
20 g Butter
Jodsalz
Pfeffer aus der Mühle
1 Prise Muskat
4 kleine Putenschnitzel (je ca. 150 g)
Margarine zum Einfetten
2 EL Crème fraîche
40 g geriebener Emmentaler

Und so wird's gemacht:

Den Spinat gründlich waschen und leicht abtropfen lassen. Butter in einem Topf erhitzen, den nassen Spinat dazugeben und zusammenfallen lassen. Mit Salz, Pfeffer und Muskat würzen. Die Putenschnitzel der Länge nach durchschneiden und mit Salz und Pfeffer einreiben. In eine eingefettete Auflaufform abwechselnd den gut ausgedrückten Spinat und die sich leicht überlappenden Putenscheiben hineinschichten. Crème fraîche und Käse verrühren und gleichmäßig darüber verteilen. Das Gratin im vorgeheizten Backofen ca. 20 Minuten lang bei 200 °C backen.

- Salzkartoffeln dazu reichen.

Kartoffelauflauf mit Auberginen

Zutaten für 4 Personen:

600 g mehlige Kartoffeln
400 g gemischtes Hackfleisch
300 g Auberginen
50 g Butter
½ TL Jodsalz
Pfeffer aus der Mühle
½ TL Paprikapulver, edelsüß
Margarine zum Einfetten
4 Eier
300 ml Milch
2 EL gehackte Petersilie

Und so wird's gemacht:

Die Kartoffeln kochen, pellen und in dünne Scheiben schneiden. Hackfleisch in einer Pfanne ohne Fett anbraten. Auberginen waschen, den Blütenansatz entfernen, längs halbieren, in Scheiben schneiden, für 10 Minuten in Salzwasser legen, trockentupfen und mit der Hälfte der Butter zum Hackfleisch geben. Mit Salz, Pfeffer und Paprika würzen. Eine eingefettete Auflaufform mit der Hälfte der Kartoffelscheiben auslegen, die Hackfleisch-Auberginen-Mischung darauf verteilen und mit den restlichen Kartoffelscheiben belegen. Die Eier mit der Milch gründlich verquirlen, mit Salz, Pfeffer und Paprika würzen, die Petersilie dazugeben und über den Auflauf gießen. Mit der restlichen Butter belegen. Im Backofen ca. 20 bis 30 Minuten lang bei 220 °C goldbraun backen.

Auberginenauflauf mit Mozzarella

Zutaten für 4 Personen:

500 g Auberginen
Jodsalz
1 große Dose geschälte Tomaten (Abtropfgewicht ca. 450 g)
4 EL Olivenöl
2 Lorbeerblätter
½ TL frischer Rosmarin (ersatzweise getrocknet)
½ TL Thymian (ersatzweise getrocknet)
Pfeffer aus der Mühle
150 g Mozzarella
Margarine zum Einfetten
50 g frischgeriebener Parmesan
6 Vollkornzwiebacke

Und so wird's gemacht:

Die Auberginen waschen, Stielansatz entfernen und in ca. 1 cm dicke Scheiben schneiden. Leicht salzen und 15 Minuten ziehen lassen, damit die Bitterstoffe entfernt werden. Die Tomaten abtropfen lassen, klein schneiden. 1 EL Öl in einem Topf erhitzen, die Tomaten mit den zerkleinerten Kräutern und den Gewürzen hineingeben, und alles ca. 15 Minuten lang einkochen lassen. Das übrige Öl in einer Pfanne erhitzen und die abgetupften Auberginenscheiben portionsweise darin von beiden Seiten anbraten. Mozzarella in Scheiben schneiden. Eine eingefettete Auflaufform mit den Auberginenscheiben auslegen und den Mozzarella darauf verteilen. Anschließend die Tomatensoße darüber geben. Die Zwiebacke zerbröseln, mit dem Parmesan vermischen und über den Auflauf streuen. Im vorgeheizten Backofen bei 200 °C ca. 15 bis 20 Minuten lang backen.

- Dazu passt Vollkornreis oder Pellkartoffeln.

Fleisch und Gemüse

Baseler Möhrenmus

Zutaten für 4 Personen:
250 g Möhren
250 g mehlig kochende Kartoffeln
5 EL saure Sahne
1 Ei
20 g Butter
Jodsalz
Pfeffer aus der Mühle
1 Prise Muskat
1 EL gehackte Petersilie

Und so wird's gemacht:
Möhren und Kartoffeln waschen, schälen und klein schneiden. In wenig Salzwasser dünsten, abgießen und gut abdampfen lassen. Gemüse mit dem Pürierstab pürieren, Sahne, Ei und die Butter in Flöckchen mit dem Schneebesen unterrühren. Mit Salz, Pfeffer und Muskat abschmecken und mit gehackter Petersilie bestreuen.

- Dieses Gericht passt zu allen deftigen Fleischspeisen.

Geschmorte Tomaten mit Reisfüllung

Zutaten für 2 Personen:
60 g Reis
Jodsalz
4 große Fleischtomaten
Pfeffer aus der Mühle
1 EL Olivenöl
150 g Beefsteakhack
1 TL mittelscharfer Senf
1 Bund glatte Petersilie

Und so wird's gemacht:
Reis mit der doppelten Menge Salzwasser zum Kochen bringen und bei milder Hitze ca. 20 Minuten lang garen. Der Reis soll das Wasser ganz aufnehmen. Von den Tomaten das obere Drittel als Deckel abschneiden und beiseite legen, das Innere der Tomaten vorsichtig mit einem Teelöffel herausschaben (ausreichend Rand lassen). Tomaten mit Salz und Pfeffer würzen, das Tomateninnere bei milder Hitze mit dem Öl dünsten. Reis mit Beefsteakhack vermengen, herzhaft mit Senf, Salz und Pfeffer abschmecken. Petersilie waschen, grob hacken und die Hälfte unter die Hackmasse kneten. Tomaten damit füllen und in die Tomatensoße setzen. Den Tomaten den Deckel aufsetzen und zugedeckt bei milder Hitze 15 Minuten lang schmoren lassen. Anschließend auf eine Servierplatte geben. Soße mit dem Pürierstab pürieren, die restliche Petersilie untermengen und zu den Tomaten gießen.

- Mit Nudeln servieren.

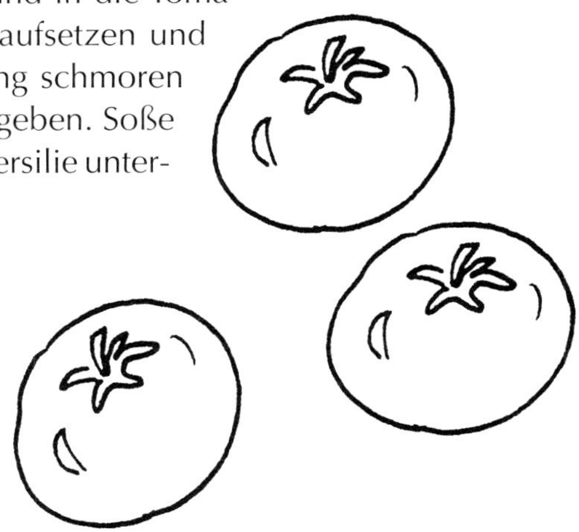

Hühnerbrust mit Tomaten

Zutaten für 4 Personen:

4 Hühnerbrüstchen ohne Haut und Knochen (je ca. 125 g)
500 g Tomaten
1 Bund Basilikum
4 EL Sonnenblumenöl
125 g Crème fraîche
Jodsalz
Pfeffer aus der Mühle
1 Prise Zucker

Und so wird's gemacht:

3 EL Öl in einer Pfanne erhitzen, die Hühnerbrüstchen längs halbieren und in dem Öl von allen Seiten anbraten, bis sie leicht gebräunt sind, dann salzen. Die Pfanne mit einem Deckel verschließen, die Temperatur herunterschalten und das Fleisch ca. 10 Minuten lang garen lassen. Anschließend herausnehmen und in einer Schüssel warm stellen.

Während das Fleisch gart, die Tomaten mit kochendem Wasser überbrühen, häuten, vierteln und vom Stielansatz befreien. Tomatenviertel in dem restlichen Öl kurz andünsten, Crème fraîche zugeben und unter Rühren kurz aufkochen lassen. Die Soße mit Salz, Pfeffer und Zucker abschmecken, Fleisch wieder zugeben und noch mal heiß werden lassen. Die gewaschenen und in Streifen geschnittenen Basilikumblättchen untermischen und servieren.

- Dazu passt Reis oder Baguette.

Hühnerfrikassee

Zutaten für 4 Personen:

1 Poularde
Jodsalz
100 g Sellerie
2 Möhren
60 g Butter
80 g Mehl
1 EL Kapern
½ Zitrone
Pfeffer aus der Mühle
1 Dose Spargel (Abtropfgewicht ca. 200 g)
1 Dose Artischockenherzen (Abtropfgewicht ca. 200 g)

Und so wird's gemacht:

Die Poularde in ca. 2 l Salzwasser mit Suppengrün gar kochen (ca. 60 bis 90 Minuten). Fleisch von den Knochen lösen und quer zur Faser klein schneiden. Aus der heißen Butter und dem Mehl eine Mehlschwitze bereiten und mit ¾ l Hühnerbrühe aufgießen. Die Soße mit Kapern, Zitronensaft, Salz und einer Prise Pfeffer abschmecken. Hühnerfleisch, kleingeschnittenen Spargel und Champignons hinzufügen und noch 10 Minuten lang leise köcheln lassen.

- Dazu passen Salzkartoffeln oder Reis.

Medaillons mit Tomaten-Bananen-Gemüse

Zutaten für 4 Personen:

600 g Fleischtomaten
½ Bund Basilikum
8 Schweinemedaillons (je ca. 75 g)
40 g Butterschmalz
Jodsalz
Pfeffer aus der Mühle
2 feste, reife Bananen
2 EL Sonnenblumenöl

Und so wird's gemacht:

Tomaten mit kochendem Wasser überbrühen und häuten, vom Stielansatz befreien und in kleine Würfel schneiden. Basilikum waschen und hacken. Sonnenblumenöl in einem Topf erhitzen und die Tomaten mit dem Basilikum darin dünsten. Butterschmalz in einer Pfanne sehr heiß werden lassen und die Medaillons darin von jeder Seite 3 Minuten lang braten, danach salzen und pfeffern. Medaillons aus der Pfanne nehmen und warm stellen. Bananen schälen, in 2 cm dicke Scheiben schneiden, dann im Bratfett kurz anbraten und zum Tomatengemüse geben. Mit Salz und Pfeffer abschmecken und das Gemüse um die Medaillons auf einer Platte anrichten.

- Mit frischem Stangenweißbrot oder Reis servieren.

Hähnchenkeulen mit Ingwergemüse

Zutaten für 4 Personen:
4 Hähnchenkeulen
Jodsalz
50 g Butterschmalz
½ TL Curry, mild
25 g Ingwerwurzel
500 g Möhren
⅛ l Fleischbrühe
2 reife, feste Bananen

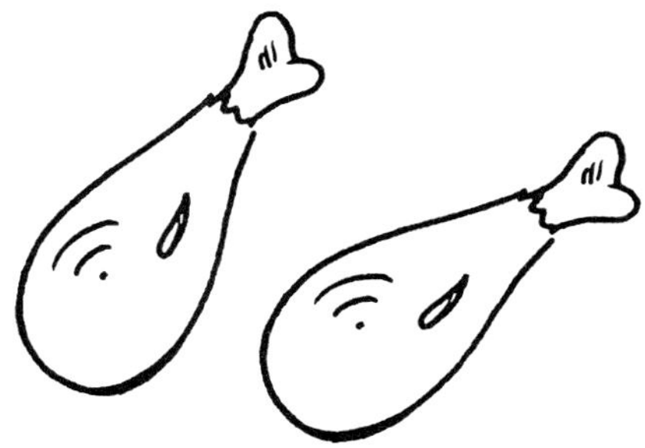

Und so wird's gemacht:
Die Hähnchenkeulen unter fließend kaltem Wasser waschen, trockentupfen und leicht salzen. 30 g Butterschmalz in einer Pfanne zerlassen und die Keulen darin von allen Seiten anbraten. Curry darüber stäuben. Ein haselnussgroßes Stück Ingwerwurzel in die Knoblauchpresse geben und den Saft in die Pfanne drücken. Deckel auflegen und die Keulen auf kleiner Flamme ca. 15 Minuten lang garen. Möhren waschen, schälen und in dünne Scheiben schneiden (evtl. mit Gurkenhobel). Das restliche Butterschmalz in einem Topf erhitzen und die Möhrenscheiben darin andünsten. Den restlichen Ingwer darüber reiben, Fleischbrühe angießen, evtl. salzen und ca. 10 Minuten lang bei geschlossenem Deckel weiterdünsten. Die Bananen schälen, in 1 cm dicke Scheiben schneiden, vorsichtig unter die Möhren heben und nur kurz erhitzen. Hähnchenkeulen noch einmal ohne Deckel bräunen, aus der Pfanne nehmen und mit dem Gemüse umlegt auf einer Platte servieren.

- Dazu passt am besten Reis.

Möhren-Fleischpfanne

Zutaten für 4 Personen:

800 g Möhren
2 große Schnitzel (je ca. 200 g)
2 EL Sonnenblumenöl
3 EL Sojasoße
1 Prise Zucker
Jodsalz
Pfeffer aus der Mühle
200 g frische Keimlinge oder 1 Glas Sojabohnenkeimlinge (250 g)
evtl. etwas Fleischbrühe

Und so wird's gemacht:

Die Möhren waschen, putzen, schälen und längs in feine Streifen schneiden. Die Schnitzel ebenfalls in Streifen schneiden. Aus 1 EL Öl, Sojasoße und den Gewürzen eine Marinade herstellen und das Fleisch darin 30 Minuten lang einlegen. Anschließend in einer Pfanne mit dem Rest des Öls kräftig anbraten, dann herausnehmen und warm stellen. Jetzt die Möhrenstreifen in der Pfanne ca. 5 Minuten lang dünsten, mit Jodsalz und Pfeffer abschmecken. Dann die auf einem Sieb abgetropften Sojabohnenkeimlinge dazugeben und alles zusammen weitere 10 Minuten lang schmoren lassen (falls nötig etwas Brühe hinzugeben). Das Fleisch wieder in die Pfanne geben, mit dem Gemüse mischen, mit Sojasoße abschmecken und servieren.

- Dazu passt am besten Reis.

Gemüserösti mit Joghurt

Zutaten für 4 Personen:

500 g Kartoffeln
600 g Möhren
200 g Sellerie
1 Bund Petersilie
Kräutersalz
Pfeffer aus der Mühle
1 Prise Curry, mild
2 EL Mehl
3 bis 4 Eier
Sonnenblumenöl zum Braten
500 g Vollmilchjoghurt natur

Und so wird's gemacht:

Die Kartoffeln, Möhren und den Sellerie putzen, schälen, waschen und grob raspeln (mit Reibe oder der Küchenmaschine). Die Petersilie waschen, hacken und unter das geraspelte Gemüse mischen. Mit den übrigen Gewürzen sowie dem Mehl und den gequirlten Eiern verrühren. Öl in einer Pfanne erhitzen und handtellergroße Röstis darin ausbacken, warm stellen. Den Joghurt mit Salz und Pfeffer verrühren und zu den warmen Röstis servieren.

- Dazu schmeckt grüner Salat.

Bunter Risotto mit Käsesoße

Zutaten für 4 Personen:

Risotto
2 Petersilienwurzeln
4 Möhren
¼ Sellerieknolle (ca. 100 g)
Jodsalz
400 g Putenfleisch
2 EL Sonnenblumenöl
1 EL Gemüsebrühe-Extrakt
250 g Langkornreis
2 EL gehackte Petersilie
2 EL gehackter Kerbel
Pfeffer aus der Mühle

Käsesoße
3 EL süße Sahne
1 EL Schmelzkäse
2 EL Mehl
Selleriesalz

Und so wird's gemacht:
Das gewaschene und geputzte Gemüse in mindestens ½ l leicht gesalzenem Wasser in ca. 15 Minuten bissfest garen. Das Kochwasser aufheben. Das Fleisch in Würfel schneiden und in einer Pfanne mit dem Öl von allen Seiten leicht anbraten. Bei milder Hitze und geschlossenem Deckel ca. 10 Minuten lang garen. Den Reis mit 3 bis 4 Tassen Wasser und dem Gemüsebrühe-Extrakt aufsetzen, zum Kochen bringen und bei milder Hitze ca. 20 Minuten lang garen. Der Reis soll das Wasser ganz aufnehmen. Das Gemüse in kleine Würfel schneiden und zum Putenfleisch in die Pfanne geben, den gekochten Reis und die gehackten Kräuter ebenfalls hinzufügen, alles leicht unterheben und mit Salz und Pfeffer abschmecken.

Für die Soße in einem kleinen Topf die Sahne erhitzen, den Käse darin schmelzen, vom Gemüsekochwasser knapp ½ l dazugeben und mit einem Schneebesen gut durchrühren. Das Mehl in einer Tasse mit wenig kaltem Wasser glattrühren und zur Soße geben. Alles noch einmal mit dem Schneebesen durchschlagen und kurz aufkochen lassen. Mit Selleriesalz abschmecken.

- Dazu passen alle frischen Blattsalate.

Bechamelgemüse mit Frikadellen

Zutaten für 4 Personen:

Bechamelgemüse
500 g Möhren
Jodsalz
500 g Kartoffeln
100 g Schinkenspeck
20 g Butterschmalz
40 g Mehl
1 TL Fleischbrühe-Extrakt
¼ l Milch
Pfeffer aus der Mühle
1 Bund Petersilie

Frikadellen
500 g gemischtes Hackfleisch
1 altbackenes Brötchen, in Wasser eingeweicht
1 Ei
Jodsalz
Pfeffer aus der Mühle
Butterschmalz zum Ausbacken

Und so wird's gemacht:
Möhren waschen, schälen, in Scheiben schneiden und in etwas mehr als ⅛ l Salzwasser bissfest garen. Kochwasser nicht wegschütten, sondern für Bechamelsoße verwenden. Kartoffeln waschen und mit Schale kochen, dann pellen und in Scheiben schneiden. Schinkenspeck klein würfeln und mit dem Butterschmalz in einem Topf ausbraten. Den Topf von der Kochstelle nehmen, dann das Mehl hineinrühren. Langsam ⅛ l Möhrenkochwasser mit dem Fleischbrühe-Extrakt zugießen. Unter Rühren einmal aufkochen lassen, die Milch hinzugeben, Soße kräftig mit einem Schneebesen durchschlagen und mit Salz und Pfeffer würzen. Möhren und Kartoffeln in die Soße geben, Petersilie waschen, hacken und damit bestreuen.

Hackfleisch mit dem eingeweichten, gut ausgedrückten Brötchen, dem Ei und den Gewürzen mischen. Frikadellen daraus formen und in einer Pfanne von beiden Seiten in Butterschmalz kräftig anbraten. Temperatur herunterschalten und bei geschlossenem Deckel in ca. 15 Minuten fertig garen und zum Bechamelgemüse reichen.

Gebratene Selleriescheiben

Zutaten für 4 Personen:
ca. 700 g Knollensellerie
2 Eier
Kräutersalz
Vollkornsemmelbrösel
Margarine zum Ausbraten

Und so wird's gemacht:
Den Sellerie putzen, schälen und waschen. In einem Topf mit Salzwasser halb gar kochen (ca. 10 bis 15 Min.). Etwas abkühlen lassen und dann in ca. 1 cm dicke Scheiben schneiden. Scheiben durch gequirltes, gewürztes Ei ziehen, in Semmelbrösel wenden und in einer beschichteten Pfanne goldgelb braten.

- Dazu schmecken Kräutersoße, Salzkartoffeln und Blattsalat.

Kräutersoße

Zutaten für 4 Personen:
30 g Butter
40 g Mehl
½ l Gemüsebrühe
reichlich Kräuter (Petersilie, Kresse, Dill, Kerbel)
2 bis 3 EL süße Sahne und ½ TL Zitronensaft

Und so wird's gemacht:
In die heiße Butter Mehl einrühren, Topf von der Kochstelle nehmen und unter ständigem Rühren mit Brühe aufgießen und bei schwacher Hitze ca. 5 bis 10 Minuten lang köcheln lassen. Gewaschene, trockengeschleuderte und fein gewiegte Kräuter zu ⅓ in die Soße geben und aufkochen lassen. Rest der Kräuter mit Sahne und Zitronensaft unter die fertige Soße geben.

Fischgerichte

Kabeljaufilet mit Sellerie

Zutaten für 4 Personen:

200 g Reis
Jodsalz
1 kleine Dose geschälte Tomaten (Abtropfgewicht ca. 240 g)
400 g Staudensellerie
4 TL Sonnenblumenöl
Pfeffer aus der Mühle
600 g Kabeljaufilet (ein großes Stück)

Und so wird's gemacht:

Reis mit doppelter Menge Salzwasser ca. 20 Minuten lang kochen. Inzwischen die Dosentomaten gut abtropfen lassen und halbieren. Staudensellerie waschen und in dünne Scheiben schneiden. Das Grün beiseite legen. In 2 TL Öl zuerst den Staudensellerie andünsten, dann die Tomaten hinzugeben, mit Salz und Pfeffer würzen. Alles bei milder Hitze schmoren lassen. Selleriegrün grob hacken. Kabeljaufilet unter fließend kaltem Wasser waschen, trockentupfen, in 4 Scheiben schneiden, salzen und im restlichen Öl in einer beschichteten Pfanne von beiden Seiten rasch anbraten. Selleriegrün und Gemüse unter den Reis heben, Reis und Fisch zusammen anrichten.

Gratinierter Seelachs

Zutaten für 4 Personen:

3 Brötchen
1/8 l Milch
2 Eier
1 Bund glatte Petersilie
Jodsalz
Pfeffer aus der Mühle
4 Scheiben Seelachs (je ca. 160 g)
1 TL Essig
Olivenöl zum Einfetten
1 EL Kapern

Und so wird's gemacht:

Die Brötchen in feine Scheiben schneiden. Milch und Eier verquirlen, die Petersilie waschen, fein hacken und dazugeben. Mit Salz und Pfeffer kräftig würzen. Den Fisch unter fließend kaltem Wasser waschen, trockentupfen, rundum mit 1 TL Essig beträufeln, salzen und pfeffern. Eine Auflaufform mit dem Olivenöl einpinseln, den Fisch hineinlegen und mit den Kapern bestreuen. Die Brötchenscheiben dachziegelartig darauflegen und mit der Milch-Eier-Mischung übergießen. Den Fisch im vorgeheizten Backofen bei ca. 220 °C ca. 15 bis 20 Minuten lang goldgelb backen.

- Dazu schmeckt Blattsalat mit Joghurt-Dressing.

Tip: Sie können den Fisch in der Auflaufform auf ein Bett aus Tomatenscheiben oder Spinat legen.

Grüner Fischtopf

Zutaten für 4 Personen:

1 Paket Tiefkühl-Spinat (450 g)
4 Seefisch-Filets (frisch oder gefroren, je ca. 150 g)
etwas Zitronensaft
Jodsalz
50 g Butterschmalz
2 EL Mehl
2 EL Tomatenmark
1 Eigelb
½ TL Zucker
6 EL geriebener Käse, z.B. Emmentaler
Pfeffer aus der Mühle
3 EL Semmelbrösel
Margarine zum Einfetten

Und so wird's gemacht:

Spinat und ggf. Fischfilets auftauen. Frischen Fisch unter fließend kaltem Wasser waschen, trockentupfen, mit Zitronensaft beträufeln und salzen. Die Fischfilets in einer Pfanne mit Butterschmalz kurz von beiden Seiten anbraten und bei geschlossenem Deckel ca. 3 Minuten lang dünsten. Den Spinat in einem Topf erhitzen und mit 2 EL Mehl, Tomatenmark, Eigelb, Zucker und 4 EL Käse vermischen. Mit Salz und Pfeffer abschmecken. Die Hälfte dieser Mischung in die mit der restlichen Butter eingefettete Auflaufform geben, die Fischfilets darauflegen, mit dem restlichen Spinat bedecken und die Oberfläche glätten. Den restlichen Käse mit den Semmelbröseln mischen und gleichmäßig über den Spinat streuen. Das Gericht im vorgeheizten Backofen bei 200 °C ca. 15 bis 20 Minuten lang backen.

- Als Beilage Kartoffelbrei servieren.

Fischgulasch Venezia

Zutaten für 4 Personen:

60 g durchwachsener Räucherspeck
1 TL Butterschmalz
2 EL Mehl
1 kleine Dose Tomatenmark (70 g)
400 ml Gemüsebrühe
Jodsalz
Pfeffer aus der Mühle
1 Prise Zucker
800 g Rotbarschfilet
etwas Zitronensaft
2 EL gehacktes Basilikum

Und so wird's gemacht:

Den Speck in Butterschmalz ausbraten, das Mehl zufügen und unter Rühren hellgelb anschwitzen. Topf von der Kochstelle nehmen, Tomatenmark und Gemüsebrühe mit dem Schneebesen unterschlagen, nochmals aufkochen lassen und kräftig rühren. Die Soße mit Salz, Pfeffer und einer Prise Zucker abschmecken.

Das Fischfilet unter fließend kaltem Wasser waschen, trockentupfen, salzen und mit Zitronensaft beträufeln. In ca. 10 cm große Stücke schneiden und in der Soße bei milder Hitze gar ziehen lassen (ca. 15 bis 20 Minuten). Nicht umrühren, damit der Fisch nicht zerfällt. Zum Schluss gehacktes Basilikum hinzufügen.

- Käsemakkaroni und Blattsalat dazu reichen.

Fischfrikassee

Zutaten für 4 Personen:
1 kg Rotbarschfilet oder Victoriabarschfilet
Jodsalz
etwas Zitronensaft
80 g Butter
60 g Mehl
¼ l Gemüsebrühe
¼ l Milch
2 EL Kapern
2 EL gehackter Dill

Und so wird's gemacht:
Fischfilet unter fließend kaltem Wasser waschen, trockentupfen und in 10 cm große Stücke teilen, salzen und mit Zitronensaft beträufeln. Einige Zeit stehen lassen. Butter in einem Topf schmelzen und Mehl einrühren. Topf von der Kochstelle nehmen und Brühe in die Mehlschwitze einrühren. Soße unter Rühren aufkochen lassen, Milch und Kapern hinzugeben, mit Salz abschmecken. Die Fischstücke in die Soße legen und bei milder Hitze ca. 15 bis 20 Minuten lang gar ziehen lassen. Möglichst nicht umrühren, damit der Fisch nicht zerfällt. Gericht mit gehacktem Dill bestreuen.

- Frikassee mit Salzkartoffeln oder Reis reichen.

Fischfrikadellen mit Kapernsoße

Zutaten für 4 Personen:

Frikadellen
800 g Seelachsfilet
Jodsalz
etwas Zitronensaft
2 Pellkartoffeln vom Vortag
2 Eier
6 EL Semmelbrösel
Muskat
Pfeffer
2 EL gehackter Dill
2 EL gehackte Petersilie
Margarine zum Braten

Kapernsoße
35 g Butter
35 g Mehl
½ l Flüssigkeit (Gemüsebrühe oder Fischsud)
Jodsalz
2 EL Kapern
½ Becher Crème fraîche (50 g)

Und so wird's gemacht:

Fischfilet unter fließend kaltem Wasser waschen, trockentupfen, salzen und mit einigen Tropfen Zitronensaft beträufeln. In einer beschichteten Pfanne ohne Fett bei geschlossenem Deckel auf kleiner Flamme gar ziehen lassen (ca. 15 Minuten). Ausgetropften Fischsud beiseite stellen und zur Soße verwenden. Fisch mit zwei Gabeln grob zerkleinern, dabei ggf. Gräten entfernen. Kartoffeln pellen und mit einer Gabel zerdrücken. Zusammen mit dem zerkleinerten Fisch, den Eiern, Semmelbröseln, Gewürzen und Kräutern in eine Schüssel geben und zu einem gleichmäßigen Teig kneten. Mit angefeuchteten Händen Frikadellen formen und in heißer Margarine 5 Minuten lang auf beiden Seiten braten.

Für die Kapernsoße Butter zerlassen, das Mehl darin hellgelb anschwitzen, von der Kochstelle nehmen und unter ständigem Rühren mit Fischsud und Brühe aufgießen. Unter Rühren kurz aufkochen lassen und mit Salz abschmecken. Kapern und Crème fraîche einrühren und nicht mehr kochen lassen.

- Fischfrikadellen mit der Kapernsoße und Salzkartoffeln servieren und grünen Salat dazu reichen.

Überbackener Fisch mit Makkaroni

Zutaten für 4 Personen:

Fischgericht
800 g Fischfilet
Jodsalz
½ Zitrone
1 Lorbeerblatt
250 g Makkaroni
1 EL Öl
60 g Butter
2 Eier
150 g geriebener Käse, z.B. Emmentaler
Margarine zum Einfetten
Butterflöckchen

Tomatensoße
30 g Butter
40 g Mehl
½ l Gemüsebrühe
3 EL Tomatenmark
etwas Zitronensaft
1 Prise Zucker
Jodsalz
3 EL süße Sahne

Und so wird's gemacht:

Fischfilet unter fließend kaltem Wasser waschen, trockentupfen, salzen und mit Zitrone beträufeln. Mit einer Scheibe Zitrone und einem Lorbeerblatt in wenig Wasser in ca. 10 Minuten gar ziehen lassen. Mit einem Schaumlöffel herausnehmen. Makkaroni zweimal durchbrechen, in reichlich Wasser mit Salz und 1 EL Öl bissfest kochen und abgießen. Zerlassene, aber nicht heiße Butter mit den Eiern schaumig rühren, über die Nudeln geben und die Hälfte des Käses darunter mischen. Eine eingefettete Auflaufform abwechselnd mit dem leicht zerpflückten Fisch und der Nudelmischung füllen. Den Rest des Käses darüber streuen, mit Butterflöckchen belegen und im vorgeheizten Backofen bei 200 °C ca. 15 bis 20 Minuten lang backen.

Für die Tomatensoße die Butter erhitzen und Mehl einrühren. Topf von der Kochstelle nehmen, der Mehlschwitze Tomatenmark zugeben, mit Brühe unter Rührem aufgießen und ca. 15 Minuten lang köcheln lassen. Mit Zitronensaft, Zucker und Salz abschmecken und mit der Sahne verfeinern.

- Fischgericht mit Tomatensoße und Blattsalat reichen.

Fischfilet mit Äpfeln

Zutaten für 4 Personen:
1 kg Rotbarschfilet
Jodsalz
etwas Zitronensaft
500 g Äpfel
Margarine zum Einfetten
½ TL Oregano, gerebelt
2 EL gehackter Dill

Und so wird's gemacht:
Fischfilet unter fließend kaltem Wasser waschen, trockentupfen, salzen, mit Zitronensaft beträufeln und in Portionsstücke schneiden. Äpfel schälen, das Kerngehäuse entfernen und in dünne Scheiben schneiden. Die Hälfte der Apfelscheiben in eine eingefettete Auflaufform füllen, mit Salz und Oregano bestreuen, die Filets darauf legen und ebenfalls mit Salz und Oregano bestreuen. Mit dem Rest der Äpfel bedecken und zugedeckt im vorgeheizten Backofen bei 200 °C ca. 20 Minuten lang dünsten. Das fertige Gericht mit gehacktem Dill bestreuen.

- Dazu passen Pellkartoffeln oder Reis und Blattsalat.

Fisch auf Tomaten

Zutaten für 4 Personen:
1 kg Seefischfilet, z.B. Rotbarsch
Jodsalz
etwas Zitronensaft
500 g Tomaten
Pfeffer aus der Mühle
1 EL gehacktes Basilikum
Margarine zum Einfetten

Und so wird's gemacht:
Fischfilet unter fließend kaltem Wasser waschen, trockentupfen, salzen und mit Zitronensaft beträufeln. Tomaten mit kochendem Wasser übergießen, häuten, Stielansatz entfernen und in Viertel schneiden. Tomatenviertel mit Salz, Pfeffer und gehacktem Basilikum vermischen und in eine eingefettete Auflaufform geben. Die Fischfilets darauf legen und im vorgeheizten Backofen in der geschlossenen Auflaufform bei ca. 200 °C ca. 20 Minuten lang dünsten.

- Pellkartoffeln dazu servieren.

Kabeljau mit Bananensoße

Zutaten für 2 Personen:

500 g Kabeljaufilets oder anderer Seefisch
Jodsalz
Zitronensaft
30 g Butterschmalz
2 EL trockener Weißwein

Soße
1 Banane
100 g Crème fraîche
½ TL Curry, mild

Und so wird's gemacht:

Fisch unter fließend kaltem Wasser waschen, trockentupfen, salzen und mit Zitronensaft beträufeln. Butterschmalz in einer Pfanne erhitzen und die Filets von beiden Seiten 3 Minuten lang braten. Den Wein zufügen, den Deckel auf die Pfanne setzen und bei milder Hitze ca. 10 Minuten lang köcheln lassen, bis der Fisch gar ist. Banane pürieren und mit Crème fraîche und Curry verrühren. Den Fisch aus der Pfanne nehmen und die Bananenmischung mit dem Fischsud verrühren. Den Fisch mit der Soße überziehen und servieren.

- Dazu passt am besten Reis.

Fischspieße

Zutaten für 4 Personen:

Fischspieße
400 g Seelachsfilet (oder Kabeljaufilet)
Jodsalz
etwas Zitronensaft
2 EL Sonnenblumenöl
bunter Pfeffer aus der Mühle
½ TL Curry, mild
150 g durchwachsener Schinkenspeck
2 Bananen

Currysoße
40 g Butter
2 Äpfel
3 TL Curry, mild
30 g Mehl
⅜ bis ½ l Fleischbrühe
Jodsalz
1 Prise Muskat

Und so wird's gemacht:

Das Fischfilet unter fließend kaltem Wasser waschen, trockentupfen, salzen, mit Zitronensaft beträufeln und in große Würfel schneiden. Die Fischwürfel ca. 20 Minuten lang in dem mit Salz, Pfeffer und Curry kräftig gewürzten Öl ziehen lassen. Den Schinkenspeck in dünne Scheiben schneiden, Bananen schälen und in ca. 2 cm dicke Scheiben schneiden. Fischwürfel, Speck und Bananenscheiben abwechselnd auf vier Spieße stecken. Im Elektrogrill oder auf dem Holzkohlengrill ca. 10 Minuten lang grillen, dabei zwischendurch mehrmals wenden und mit dem gewürzten Öl beträufeln.

Für die Soße in der heißen Butter die geschälten und geraspelten Äpfel mit dem Curry dünsten, Mehl einrühren und mit heißer Brühe aufgießen. Mit Salz und Muskat würzen und bei schwacher Hitze in ca. 15 Minuten die Äpfel verkochen lassen. Mit Schneebesen gut durchrühren.

- Dazu passen Naturreis und Endiviensalat mit Joghurtdressing.

Fisch-Kartoffel-Pfanne

Zutaten für 4 Personen:
600 g Seelachsfilet
Zitronensaft
Jodsalz
Pfeffer aus der Mühle
600 g festkochende Kartoffeln
500 g Möhren
20 g Sonnenblumenkerne
2 EL Sonnenblumenöl
200 g Crème fraîche mit Kräutern
¼ l Gemüsebrühe
frische Kresse

Und so wird's gemacht:
Die Fischfilets unter fließend kaltem Wasser waschen, trockentupfen und in breite Streifen schneiden. Mit Zitronensaft beträufeln und mit Salz und Pfeffer würzen. Kartoffeln waschen, schälen und in Würfel schneiden. Möhren waschen, schälen und in Scheiben schneiden. Öl in einer großen Pfanne oder einem Topf erhitzen, den Fisch hineingeben und ca. 10 Minuten garen. Fisch entnehmen und im verbliebenen Öl Möhren, Kartoffeln und Sonnenblumenkerne dünsten, mit Gemüsebrühe aufgießen und ca. 15 Minuten lang köcheln lassen. Zum Schluss den Fisch hinzugeben und nochmals gut mit den Gewürzen abschmecken. Die Fischpfanne kurz vor dem Servieren mit Kresse bestreuen.

Crème fraîche mit Salz und Pfeffer abschmecken und zum Fisch reichen.

Nudelgerichte

Käsespätzle

Zutaten für 4 Personen:
500 g Spätzlenudeln
1 EL Sonnenblumenöl
Jodsalz
250 g geriebener Käse, z.B. Gouda
2 EL gehackte Petersilie

Und so wird's gemacht:
Spätzlenudeln in reichlich Salzwasser mit dem Öl bissfest kochen (ca. 10 Minuten), abgießen und noch heiß mit dem geriebenen Käse mischen. Mit gehackter Petersilie bestreuen.

- Dazu passt ein kräftig abgeschmeckter grüner Salat.

Vollkornspaghetti mit Spinat und Schinken

Zutaten für 2 Personen:

1 Paket tiefgekühlter Blattspinat (300 g)
Jodsalz
Pfeffer aus der Mühle
1 Prise Muskat
150 g Vollkornspaghetti
50 g gekochter Schinken
1 Ei
50 g geriebener Emmentaler

Und so wird's gemacht:

Spinat mit 2 EL Wasser in einen Topf geben, bei milder Hitze auftauen und ca. 10 Minuten lang dünsten lassen, anschließend mit Salz, Pfeffer und Muskat würzen. Spinat abtropfen lassen und grob hacken. In reichlich Salzwasser die Nudeln ca. 10 Minuten lang kochen. Inzwischen den Schinken in Streifen schneiden. Das Ei verquirlen und mit Salz, Pfeffer, etwas Muskat und dem Käse verrühren. Die Nudeln in einem Sieb abtropfen lassen, dann zurück in den Topf geben, den Spinat unterheben und bei milder Hitze das Käse-Ei-Gemisch langsam unterrühren, bis das Ei gebunden hat. Vorsicht: Die Nudeln dürfen nicht zu heiß werden, sonst gerinnt das Ei. Nudeln anrichten und mit den Schinkenstreifen bestreuen.

Spaghetti mit Hackfleischsoße

Zutaten für 4 Personen:

500 g Spaghetti
Jodsalz
1 EL Sonnenblumenöl
250 g gemischtes Hackfleisch
1 TL Butterschmalz
1 Dose Tomatenmark (70 g)
¼ l Fleischbrühe
1 ½ EL Stärkemehl
Pfeffer aus der Mühle
Oregano, gerebelt
80 g geriebener Parmesankäse

Und so wird's gemacht:

Spaghetti in reichlich Salzwasser mit dem Öl bissfest kochen (ca. 10 Minuten). Hackfleisch in Butterschmalz anbraten, dabei mehrmals wenden und zerkrümeln. Tomatenmark und Brühe hinzufügen und mit dem mit etwas Wasser angerührten Stärkemehl kurz aufkochen lassen. Soße mit Salz, Pfeffer und Oregano abschmecken. Das Gericht mit geriebenem Parmesan zu Tisch bringen.

- Dazu passen Blattsalate.

Spaghetti mit Zitronenhuhn

Zutaten für 2 Personen:

250 g Spaghetti
Jodsalz
2 EL Sonnenblumenöl
Schale einer unbehandelten Zitrone
1 TL frische geriebene Ingwerwurzel
1 TL Zucker
¼ l Hühnerbrühe
250 g Hühnerbrust ohne Haut und Knochen
30 g Butterschmalz
2 Bund Petersilie

Und so wird's gemacht:

Spaghetti in reichlich Salzwasser mit 1 EL Öl bissfest kochen (ca. 10 Minuten). 1 EL Öl in eine Pfanne geben und die in Streifen geschnittene Zitronenschale 4 Minuten darin dünsten. Ingwerwurzel, Salz und Zucker hinzufügen und unter ständigem Rühren 3 Minuten lang weiterdünsten lassen. Mit Brühe aufgießen und etwas einkochen lassen. Währenddessen das Hühnerfleisch würfeln und in dem Butterschmalz anbraten, bis es von allen Seiten leicht gebräunt ist. Die Zitronen-Ingwer-Mischung zum Fleisch geben und ca. 10 Minuten weiterköcheln lassen. Petersilie waschen, grob hacken und zusammen mit den gut abgetropften Spaghetti in die Soße geben, durchmischen und vor dem Servieren alles noch ein wenig durchziehen lassen.

Spaghetti mit Basilikum

Zutaten für 2 Personen:

250 g Spaghetti
2 EL Sonnenblumenöl
Jodsalz
30 g Pinienkerne
2 Bund Basilikum
1/8 l Hühner- oder Gemüsebrühe
Pfeffer aus der Mühle
60 g geriebener Parmesan

Und so wird's gemacht:

Spaghetti in reichlich Salzwasser mit 1 EL Öl ca. 10 Minuten bissfest kochen. 1 EL Öl in der Pfanne erhitzen und Pinienkerne kurz darin schwenken (Vorsicht: Sie brennen sehr leicht an). Die in Streifen geschnittenen Basilikumblätter hinzufügen und zusammenfallen lassen. Einige Blättchen zum Garnieren zurückbehalten. Mit der Brühe aufgießen und noch etwas köcheln lassen. Soße mit Salz und Pfeffer würzen. Die gut abgetropften Nudeln mit der Basilikumsoße mischen. Mit den restlichen Basilikumblättern garnieren und mit Käse bestreut zu Tisch bringen.

Artischocken-Dill-Nudeln

Zutaten für 4 Personen:

300 g Bandnudeln
Jodsalz
2 EL Sonnenblumenöl
1 Dose Artischockenböden
(Abtropfgewicht ca. 250 g)
Saft von ½ Zitrone
100 g Crème fraîche
Pfeffer aus der Mühle
1 Prise Zucker
2 EL gehackter Dill

Und so wird's gemacht:

Bandnudeln in reichlich Salzwasser mit 1 EL Öl bissfest kochen (ca. 10 Minuten). Artischockenböden vierteln und mit dem Zitronensaft beträufeln. 1 EL Öl und Crème fraîche verrühren und in einem Topf erhitzen, mit Salz, Pfeffer und Zucker abschmecken. Artischockenböden und Dill hineingeben. Die Soße über die gut abgetropften Nudeln verteilen, alles durchmischen und gleich servieren.

Mailänder Nudeln

Zutaten für 4 Personen:

500 g Bandnudeln
Jodsalz
1 EL Sonnenblumenöl
250 g Tomaten
50 g Butter
150 g Kochschinken
Pfeffer aus der Mühle
Oregano, gerebelt
50 g geriebener Parmesan

Und so wird's gemacht:

Bandnudeln in reichlich Salzwasser mit dem Öl bissfest kochen (ca. 10 Minuten). Für die Soße Tomaten mit kochendem Wasser übergießen und häuten. Stielansätze entfernen und die Tomaten in Scheiben schneiden. Butter in einer Pfanne erhitzen, den in Streifen geschnittenen Kochschinken kurz darin anbraten und die Tomaten hinzufügen. Bei geschlossenem Deckel ca. 5 Minuten lang köcheln lassen. Mit Salz, Pfeffer und Oregano abschmecken. Soße über die gut abgetropften Nudeln geben und alles durchmischen. Mit geriebenem Parmesan bestreuen.

- Dazu passt Blattsalat.

Spaghetti in Käsesahne mit Gemüse

Zutaten für 4 Personen:
300 g Möhren
200 g Spinat
400 g Spaghetti
Jodsalz
5 EL Sonnenblumenöl
200 ml süße Sahne
3 EL geriebener Parmesan
Pfeffer aus der Mühle

Und so wird's gemacht:
Die Möhren waschen, schälen und in dünne Scheiben schneiden. Den Spinat verlesen, waschen, trockenschleudern und grob hacken. Die Spaghetti in reichlich Salzwasser mit 1 EL Öl bissfest kochen (ca. 10 Minuten). Währenddessen 4 EL Öl erhitzen und die Möhrenscheiben darin bei starker Hitze unter Rühren ca. 5 Minuten lang dünsten. Die Temperatur zurückschalten, die Sahne und den Käse zu den Möhren geben und bei schwacher Hitze rühren, bis der Käse geschmolzen und die Soße dickflüssig ist. Den Spinat untermischen und die Soße mit Salz und Pfeffer würzen. Die Spaghetti abgießen und gut abgetropft unter die Soße mischen. Sofort servieren.

Deftige Schinken-Quark-Nudeln

Zutaten für 4 Personen:

300 g Schleifchennudeln
Jodsalz
1 EL Sonnenblumenöl
200 g durchwachsener Schinkenspeck
300 g Möhren
1 Bund glatte Petersilie
250 g Magerquark
Pfeffer aus der Mühle
1 TL Oregano, gerebelt
Margarine zum Einfetten
200 ml saure Sahne

Und so wird's gemacht:

Die Nudeln in reichlich Salzwasser mit dem Öl bissfest kochen (ca. 8 bis 10 Minuten). Den Speck würfeln und in einer trockenen, möglichst beschichteten Pfanne knusprig ausbraten. Herausnehmen und beiseite stellen. Die Möhren waschen, schälen, grob raspeln und in die Pfanne geben. Die Petersilie waschen, grob hacken und untermischen. Die Möhren mit Quark und 2/3 der Speckwürfel mischen, die gut abgetropften Nudeln darunter heben und mit Salz, Pfeffer und Oregano kräftig würzen. Eine Auflaufform einfetten, die Mischung einfüllen, die saure Sahne gleichmäßig darauf verteilen und mit den restlichen Speckwürfeln bestreuen. Im vorgeheizten Backofen bei 250 °C ca. 20 Minuten lang backen.

- Dazu passt Blattsalat.

Spaghetti mit Sardellensoße

Zutaten für 4 Personen:
500 g Spaghetti
Jodsalz
1 EL Sonnenblumenöl
40 g Butter
40 g Mehl
½ l Gemüsebrühe
10 Sardellenfilets
1 EL Kapern
Pfeffer aus der Mühle
1 EL gehackte Petersilie
1 EL gehackter Dill
50 g geriebener Parmesan

Und so wird's gemacht:
Spaghetti in reichlich Salzwasser mit dem Öl bissfest kochen (ca. 10 Minuten). Butter in einem Topf schmelzen, Mehl einrühren. Topf von der Kochstelle nehmen, die Gemüsebrühe in die Mehlschwitze einrühren und unter Rühren aufkochen lassen. Sardellenfilets kurz unter fließend kaltem Wasser waschen, klein schneiden oder hacken und mit den Kapern in die Soße geben. Soße mit Pfeffer und ggf. etwas Salz abschmecken, die gehackten Kräuter unterziehen und separat zu den gut abgetropften, mit Parmesan bestreuten Nudeln reichen.

Kartoffelgerichte

Kartoffelgratin mit Äpfeln

Zutaten für 4 Personen:
500 g Kartoffeln
2 mittelgroße Äpfel
Margarine zum Einfetten
Jodsalz
Pfeffer aus der Mühle
100 ml Milch
200 ml süße Sahne
1 EL Butter

Und so wird's gemacht:
Die Kartoffeln schälen, waschen, abtrocknen und auf dem Gurkenhobel in dünne Scheiben hobeln. Äpfel schälen, halbieren, Kerngehäuse herausschneiden und die Hälften in dünne Schnitze teilen. Abwechselnd Kartoffelscheiben und Apfelschnitze schuppenförmig in eine flache, eingefettete Gratinform schichten und mit Salz und Pfeffer würzen. Die Milch mit der Sahne vermischen und darüber gießen. Die Butter in kleine Stücke teilen und auf das Gratin legen. Im Backofen bei 200 °C ca. 45 Minuten lang backen, bis die Kartoffeln weich sind und das Gratin an der Oberfläche leicht gebräunt ist.

- Dazu passt ein kräftig abgeschmeckter grüner Salat.

Pellkartoffeln mit grüner Soße

Zutaten für 2 Personen:
500 g Kartoffeln
2 EL gehackte glatte Petersilie
2 EL gehackter Dill
2 EL gehacktes Basilikum
2 EL gehackte Kresse
2 Becher Magermilchjoghurt
Jodsalz
Pfeffer aus der Mühle

Und so wird's gemacht:
Kartoffeln waschen und in der Schale gar kochen (ca. 20 Minuten). Die Kräuter mit dem Joghurt verrühren und mit Salz und Pfeffer würzen. Die heißen Kartoffeln pellen und mit der Joghurtsoße servieren.

- Dazu passen kurz gebratenes Fleisch und Blattsalat.

Kartoffelfrikadellen

Zutaten für 4 Personen:

800 g mehlig kochende Kartoffeln
100 g gekochter Schinken
6 Sardellenfilets (ca. 50 g)
ca. 4 EL Sonnenblumenöl
100 g feingeschroteter Dinkel
2 Eier
Jodsalz
Pfeffer aus der Mühle
1 Tiefkühlpaket 8-Kräuter-Mischung (ca. 60 g)
evtl. Semmelbrösel

Und so wird's gemacht:

Die Kartoffeln waschen und in der Schale gut weich kochen (ca. 20 Minuten). Den Schinken klein würfeln und in 1 EL Öl anbraten. Die Kartoffeln pellen und durch eine Kartoffelpresse drücken. Die gewaschenen und feingehackten Sardellenfilets und den Schinken zu den Kartoffeln geben. Dinkelschrot, Eier, Gewürze und Kräuter unter die Kartoffelmasse arbeiten, so dass ein geschmeidiger, aber trockener Teig entsteht. Daraus kleine Frikadellen formen. Diese in 3 EL heißem Öl von beiden Seiten knusprig braun braten. Je nach Vorliebe können die Frikadellen vor dem Braten noch in Semmelbrösel gewendet werden.

- Dazu passt gemischter Salat.

Überbackene Kartoffeln mit Majoran

Zutaten für 4 Personen:
750 g Kartoffeln
Jodsalz
1 Bund Majoran (oder 1 EL gerebelter Majoran)
150 ml süße Sahne
100 ml Milch
2 Eier
Pfeffer aus der Mühle
Margarine zum Einfetten
75 g Schinkenspeck
30 g Butter

Und so wird's gemacht:
Die Kartoffeln waschen, schälen und in dünne Scheiben schneiden, dann in leicht gesalzenem Wasser ca. 4 bis 5 Minuten lang leise kochen lassen. Kartoffelscheiben in ein Sieb geben und gut abtropfen lassen. Majoran waschen, von den Stielen streifen und fein hacken. Sahne, Milch und Eier miteinander verrühren, mit Salz, Pfeffer und Majoran herzhaft würzen. In eine eingefettete Auflaufform die halbe Kartoffelmenge einschichten. Speck fein würfeln, die Hälfte davon auf die Kartoffel streuen und mit Salz und Pfeffer würzen. Die restlichen Kartoffelscheiben darüber verteilen, die Eiersahne darauf gießen und die restlichen Speckwürfel darüber streuen. 30 g Butter in Flöckchen schneiden und auf dem Auflauf verteilen. Majoran-Kartoffeln im vorgeheizten Backofen bei 250 °C ca. 30 bis 40 Minuten lang backen, bis sie weich sind und die Oberfläche goldgelb ist.

- Ein grüner Salat passt gut zu diesem Gericht. Man kann die Majoran-Kartoffeln auch zu kurzgebratenem Fleisch servieren.

Kartoffelgnocchi

Zutaten für 4 Personen:

Gnocchi
150 g frischer Spinat
1 kg mehlig kochende Kartoffeln
150 g Magerquark
150 g Weizenmehl
50 g Grieß
2 Eigelb
Jodsalz
Pfeffer aus der Mühle
1 Prise Muskat
Margarine zum Einfetten
100 g geriebener Parmesan

Soße
75 g Butter
ca. 2 Zweige Rosmarin
6 EL süße Sahne

Und so wird's gemacht:

Spinat verlesen, waschen und mit kochendem Wasser überbrühen. Die Kartoffeln waschen, in der Schale weich kochen (ca. 20 Minuten), gut ausdampfen lassen, noch heiß schälen und sofort durch die Kartoffelpresse drücken. Quark und Spinat in einem feinen Baumwolltuch gut auspressen und mit Mehl, Grieß und Eigelb zu den durchgedrückten Kartoffeln geben. Mit Salz, Pfeffer und Muskat kräftig abschmecken. Alles zu einem feuchten, formbaren Teig verkneten. Falls der Teig zu klebrig ist, noch etwas Mehl darunter mischen. Aus dem Teig runde Plätzchen formen und portionsweise in reichlich siedendem Salzwasser ziehen lassen. Sobald die Gnocchi an die Oberfläche steigen, mit einer Schaumkelle herausnehmen und in eine gut eingefettete Auflaufform geben.

Für die Soße die Butter in einem Topf schmelzen und die Rosmarinnadeln darin andünsten. Dann die Sahne zugeben. Die Soße über die Gnocchi gießen, mit Parmesan bestreuen und den Auflauf im vorgeheizten Backofen bei 200 °C ca. 12 Minuten lang backen.

- Kurzgebratenes Fleisch und kräftig abgeschmeckten Blattsalat dazu reichen

Kümmelkartoffeln mit Hacksteak

Zutaten für 2 Personen:

500 g Kartoffeln
1 Dose geschälte Tomaten (ca. 250 g Abtropfgewicht)
Jodsalz
Pfeffer aus der Mühle
1 Prise Zucker
125 g Beefsteakhack
1 TL mittelscharfer Senf
1 EL Sonnenblumenöl
1 EL Kümmel
1 Bund Basilikum

Und so wird's gemacht:

Die Kartoffeln waschen und in der Schale weich kochen (ca. 20 Minuten). Die Tomaten zerkleinern und mit der Flüssigkeit in eine Pfanne oder einen weiten Topf geben und bei mittlerer Hitze dicklich einkochen lassen. Mit Salz und Pfeffer und einer Prise Zucker würzen. Das Beefsteakhack mit Senf, Salz und Pfeffer sowie 3 bis 4 EL Wasser verkneten. Zwei Frikadellen formen und in heißem Öl bei mittlerer Hitze 10 bis 15 Minuten lang von beiden Seiten braten. Die Kartoffeln pellen und mit Kümmel bestreuen. Basilikum waschen, Blätter von den Stielen zupfen, hacken und unter die Tomatensoße rühren. Kartoffeln mit den Hacksteaks und der Tomatensoße anrichten.

Pikante Kleinigkeiten

Tofu mit Sesam

Zutaten für 4 Personen:

250 g Tofu
2 EL Vollkornmehl
2 Eier
2 EL Honig
100 g Sesamsamen
5 EL Sesamöl
100 g Feldsalat
4 Tomaten
Jodsalz
Pfeffer
Apfelessig

Und so wird's gemacht:

Tofu trockentupfen und in 2 cm große Würfel schneiden. Mehl, verquirlte Eier, flüssigen Honig und Sesam getrennt auf Teller geben. Öl in einer Pfanne erhitzen. Tofuwürfel zuerst in Mehl, dann in Ei, in Honig und zuletzt in Sesam wenden. Im heißen Öl von allen Seiten goldgelb braten. Auf Küchenpapier abtropfen lassen.

Feldsalat waschen und trockenschleudern. Tomaten waschen, vierteln, vom Stielansatz befreien, zum Feldsalat geben, salzen, pfeffern und mit einigen Tropfen Apfelessig beträufeln. Zusammen mit den Tofuwürfeln auf Tellern anrichten.

Schinkenbananen

Zutaten für 4 Personen:
6 mittelgroße, reife, feste Bananen
12 Scheiben geräucherter Schinkenspeck
50 g Butterschmalz

Und so wird's gemacht:
Jede Banane schälen und in vier gleich große Teile schneiden. Schinkenspeckscheiben längs halbieren. Jedes Bananenstück mit einer Scheibe Schinken umwickeln und mit einem Holzstäbchen feststecken. Butterschmalz in einer Pfanne erhitzen und die umwickelten Bananen von allen Seite kurz anbraten. Herausnehmen und auf Küchenkrepp abtropfen lassen.

- Heiß servieren und gebutterten Toast dazu reichen.

Oliven-Toast

Zutaten für 4 Stück:
4 Scheiben Vollkorntoast
40 g Butter
150 g entkernte schwarze Oliven
150 g Schafskäse
2 Bund frischen Dill oder 1 Paket Tiefkühl-Dill (ca. 50 g)

Und so wird's gemacht:
Das Toastbrot leicht anrösten und mit der Butter bestreichen. Die Oliven halbieren und auf die Toasts legen. Den Schafskäse mit einer Gabel zerdrücken, den gehackten Dill darunter heben und auf die Oliven geben. Unter dem Grill im Backofen kurz überbacken.

Käsewindbeutel

Zutaten für ca. 20 Stück:

¼ l Milch
1 gestrichener TL Jodsalz
1 Prise weißer Pfeffer
1 Prise Muskat
70 g Butter
125 g Mehl
4 Eier
60 g geriebenen Käse, z.B. Gruyère

Und so wird's gemacht:
Milch, Salz, Pfeffer, Muskat und Butter in einen Topf geben und zum Kochen bringen, Mehl auf einmal in die Flüssigkeit schütten, glattrühren. Den Teig unter ständigem Rühren zum Kloß werden lassen. Vom Herd nehmen und sofort 1 Ei unter die heiße Masse rühren, dann den geriebenen Käse hinzufügen, danach 3 Eier, eines nach dem anderen, unterrühren. Mit dem Spritzbeutel oder 2 Teelöffeln kleine Häufchen auf ein mit Backpapier belegtes Blech setzen. Im vorgeheizten Backofen bei 225 °C ca. 25 bis 30 Minuten lang backen.

- Käsewindbeutel schmecken warm und kalt.

Minze-Hackbällchen

Zutaten für 4 Personen:
500 g gemischtes Hackfleisch
1 Ei
4 EL Semmelbrösel
10 gehackte Minzeblätter
½ TL Jodsalz
Pfeffer aus der Mühle
50 g Butterschmalz

Und so wird's gemacht:
Hackfleisch, Ei, Semmelbrösel, Minze und Gewürze mischen. Zu einem glatten Teig verkneten und etwa walnussgroße Kugeln formen. Diese in heißem Butterschmalz von allen Seiten bräunen, bis sie durchgebraten sind (ca. 5 Minuten). Fleischbällchen auf einer Platte anrichten und mit einer kalten Soße, z.B. der pikanten Tomatensoße, reichen.

Pikante Tomatensoße

Zutaten:
100 ml Tomatenketchup
2 TL mittelscharfer Senf
2 kleine Gewürzgurken
einige Minzeblätter

Und so wird's gemacht:
Tomatenketchup und Senf verrühren, Gewürzgurken in sehr kleine Würfel schneiden und hinzufügen. Mit einigen frischen Minzeblättern garnieren und zusammen mit den Hackbällchen servieren.

Pikante Waffeln

Zutaten für den Grundteig:
150 g Butter
¼ TL Jodsalz
4 Eier
100 g Speisestärke
100 g Mehl
Margarine zum Einfetten

Und so wird's gemacht:
Butter und Salz schaumig rühren, die Eier hinzufügen. Speisestärke und Mehl mischen und unter die Masse rühren. Die für die gewünschte Variante angegebenen Zutaten untermischen. In einem mit Margarine gefetteten Waffeleisen den Teig backen.

- Ergibt etwa 12 Waffeln.

Schinkenwaffeln

Zutaten:
125 g gekochter Schinken
1 kleine Gewürzgurke
1 Prise Pfeffer
1 Prise Paprikapulver, edelsüß
1 Prise Cayennepfeffer

Und so wird's gemacht:
Schinken und Gurke fein würfeln, unter den Waffelteig rühren und mit den Gewürzen abschmecken.

Käsewaffeln

Zutaten:
3 EL geriebener Käse, z.B. Emmentaler
1 Prise Paprikapulver, edelsüß

Und so wird's gemacht:
Geriebenen Käse und Paprika unter den Waffelteig rühren.

Pizzawaffeln

Zutaten:
50 g Salami
2 EL gehackte Oliven
2 EL Tomatenmark
1 Prise Oregano
1 Prise Pfeffer
1 Prise Paprikapulver, edelsüß

Und so wird's gemacht:
Salami würfeln, zusammen mit den Oliven, Tomatenmark und den Gewürzen unter den Waffelteig rühren.

Kräuterwaffeln

Zutaten:
2 bis 3 EL gehackte frische Kräuter nach Wahl (auf Schnittlauch verzichten)

Und so wird's gemacht:
Gehackte Kräuter unter den Waffelteig rühren.

Nachspeisen

Apfel-Preiselbeer-Pfannkuchen

Zutaten für 4 Personen:
4 Eier
etwas Jodsalz
400 ml Milch
8 gehäufte EL Weizenvollkornmehl
*½ TL Backpulver**
4 mittelgroße Äpfel
4 TL Honig
4 TL Sonnenblumenöl
200 g Preiselbeeren (aus dem Glas)
oder frisches Obst nach Wahl

Und so wird's gemacht:
Eier, Salz, Milch, Mehl und Backpulver verquirlen. Äpfel schälen, vom Kerngehäuse befreien und in feine Scheiben schneiden. Apfelscheiben unter den Teig geben und mit Honig süßen. In einer beschichteten Pfanne mit wenig Öl kleine Pfannkuchen backen. Preiselbeeren darüber geben.

* Vorsichtig testen, da manche Babys auf Backpulver empfindlich reagieren.

Schwedencreme

Zutaten für 4 Personen:

500 g milde Äpfel
1 EL Zucker
¼ l süße Sahne
2 TL rote Marmelade

Und so wird's gemacht:

Äpfel waschen, grob zerkleinern und mit sehr wenig Wasser auf kleiner Flamme zu Mus zerfallen lassen. Mit Pürierstab pürieren oder durch ein feines Sieb streichen und mit 1 EL Zucker süßen. Apfelmus kalt stellen.

Sahne steif schlagen und unter das kalte Apfelmus heben. In Dessertschalen füllen und mit jeweils ½ TL roter Marmelade verzieren.

Strazziatellaquark

Zutaten für 4 Personen:

250 g Quark
2 EL Mandellikör (Amaretto)
1 EL Zucker
100 ml Milch
100 g Schokoladenstreusel
¼ l süße Sahne

Und so wird's gemacht:

Quark mit Likör, Zucker und Milch glattrühren und 90 g Schokoladenstreusel unterziehen. Sahne steif schlagen und unter den Quark heben. In Dessertgläser füllen und mit den restlichen Schokoladenstreuseln verzieren.

Schokoladenflammeri

Zutaten für 6 Personen:

1 l Milch
80 g Stärkemehl
20 g Kakao
80 g Zucker
1 Päckchen Vanillinzucker
100 g Bitterschokolade
1/8 l süße Sahne

Und so wird's gemacht:

Von der Milch 1/4 Tasse abnehmen und das Stärkemehl damit anrühren. Kakao, Zucker und Vanillezucker mischen, Schokolade zerbröckeln. Alles zusammen mit der restlichen Milch in einen Kochtopf geben und unter Rühren zum Kochen bringen. Topf von der Kochstelle nehmen und das angerührte Stärkemehl hinzufügen. Unter Rühren nochmals eine Minute kochen lassen. Flammeri abkühlen lassen, dabei einige Male die Oberfläche vorsichtig umrühren, damit sich keine Haut bildet. Sahne steif schlagen und Flammeri damit garniert servieren.

Eiskaffee

Zutaten für 4 Personen:

3/4 l starker Kaffee
4 TL Zucker
4 Kugeln Vanilleeis
1/8 l süße Sahne

Und so wird's gemacht:

Kalten Kaffee mit je 1 TL Zucker in Dessertgläser füllen und je 1 Kugel Vanilleeis hineingeben. Sahne steif schlagen und auf den Eiskaffee geben.

Westfälisches Dessert

Zutaten für 4 Personen:
*4 Scheiben Pumpernickel**
125 g Sahnequark
4 EL Milch
1 Päckchen Vanillinzucker
100 ml süße Sahne
200 g Preiselbeerkonfitüre

Und so wird's gemacht:
Die Pumpernickelscheiben zerkrümeln, Quark mit Milch und Vanillinzucker glattrühren. Sahne steif schlagen und locker unter den Quark heben. Abwechselnd Quarkspeise, Pumpernickelkrümel und Preiselbeerkonfitüre in gläserne Dessertschalen füllen. Vor dem Servieren ca. 1 Stunde durchziehen lassen.

* Vorsichtig testen, da es bei empfindlichen Babys zu Blähungen kommen kann.

Bananenquark

Zutaten für 4 Personen:
250 g Quark
100 ml Milch
2 EL Zucker
¼ l süße Sahne
2 Bananen
1 TL Zitronensaft

Und so wird's gemacht:
Quark mit Milch und Zucker glattrühren. Sahne steif schlagen und locker unterziehen. Bananen in dünne Scheiben schneiden, mit Zitronensaft beträufeln und unter den Quark heben.

Himbeerschnee

Zutaten für 4 Personen:
300 g Himbeeren
3 EL Zucker
3 Eiweiß

Und so wird's gemacht:
Beeren mit dem Pürierstab pürieren und mit dem Zucker verrühren. Eiweiß steif schlagen und zu dem Fruchtmus geben. Die Mischung nochmals kräftig aufschlagen und 1 bis 2 Stunden ins Gefrierfach stellen.

Bratäpfel mit Marzipan

Zutaten für 4 Personen:
4 mittelgroße Äpfel
100 g Marzipanrohmasse
1 EL Butter
½ Tasse Wasser oder trockener Weißwein
1 TL Honig

Zutaten für die Quarkcreme:
200 g Quark
50 ml süße Sahne
2 EL Zucker
1 TL Zimt

Und so wird's gemacht:
Die Äpfel waschen und das Kerngehäuse mit einem Apfelausstecher entfernen. Marzipan in 4 gleiche Portionen teilen, Rollen daraus formen und die Äpfel damit füllen. Eine Auflaufform mit der Butter ausstreichen, Äpfel hineinsetzen, Wasser und 1 TL Honig zufügen. Im vorgeheizten Backofen bei 200 °C ca. 30 Minuten lang braten (die Schale muss schrumpelig sein, die Äpfel sollten aber nicht zerfallen).

In der Zwischenzeit Quark mit der Sahne cremig rühren, Zucker und Zimt hinzufügen und die Creme kühl stellen. Wenn die Äpfel gar sind, noch heiß zusammen mit der Quarkcreme servieren.

Mokkaspeise

Zutaten für 6 Personen:

¼ l Kaffee aus 1 ½ EL gemahlenem Kaffee
¾ l Milch
90 g Stärkemehl
80 g Zucker
1 TL Kakaopulver
1 Eigelb
1 Eiweiß
Mokkabohnen aus Schokolade

Und so wird's gemacht:

Zuerst den gemahlenen Kaffee mit ¼ l kochendem Wasser überbrühen und 5 Minuten ziehen lassen. Von der Milch ¼ Tasse abnehmen und das Stärkemehl damit anrühren. Zucker und Kakao in den Kochtopf geben, die kalte Milch dazugießen, alles verrühren und zum Kochen bringen. Topf vom Herd nehmen und das angerührte Stärkemehl hinzufügen. Die Masse unter Rühren ½ Minute kochen lassen. Den Topf wieder vom Herd nehmen und den durchgesiebten, mit 1 Eigelb vermischten Kaffee einrühren. Eiweiß steif schlagen und locker unter die noch heiße Masse ziehen. Mokkaspeise kühl stellen, in Dessertschalen füllen und mit Mokkabohnen verzieren.

Quark-Vanille-Eis

Zutaten für 4 Personen:

2 Eigelb
½ Vanilleschote oder 1 Päckchen Vanillinzucker
80 g Zucker
125 g Quark
200 ml süße Sahne
Schokoladenstreusel

Und so wird's gemacht:

Eigelb mit 1 EL heißem Wasser schaumig schlagen. Vanilleschote auskratzen, das Mark zusammen mit dem Zucker unter die Eiermasse geben und nochmals kräftig aufschlagen. Wenn die Masse dicklich geworden ist, den Quark unterrühren. Die Sahne steif schlagen und unterheben. Die Masse in eine Metallschale füllen und für 3 bis 4 Stunden ins Gefrierfach stellen. Während der Gefrierzeit das Eis gelegentlich mit dem Schneebesen aufschlagen, damit es cremig wird. Eiscreme in Dessertschalen füllen und mit Schokoladenstreuseln garnieren.

Grießflammeri mit Früchten

Zutaten für 4 Personen:

750 g Himbeeren (frisch oder tiefgefroren)
150 g Zucker
3/8 l Milch
1 Päckchen Vanillinzucker
45 g Hartweizengrieß
1 Eigelb
1 Eiweiß
¼ l süße Sahne

Und so wird's gemacht:

Himbeeren mit 50 g Zucker bestreuen und kühl stellen. Die Milch mit dem restlichen Zucker und dem Vanillinzucker unter Rühren zum Kochen bringen. Topf vom Feuer nehmen und unter Rühren mit dem Schneebesen den Grieß einstreuen. 5 Minuten bei milder Hitze ausquellen lassen. Dann den Topf vom Herd nehmen und das verquirlte Eigelb unterrühren. Grießbrei abkühlen lassen. In der Zwischenzeit Eiweiß und Sahne getrennt steif schlagen und beides unter den Grießbrei heben. Grießflammerie zusammen mit den Himbeeren anrichten.

Charlotte

Zutaten für 4 Personen:

½ l Milch
40 g Stärkemehl
50 g Zucker
½ Vanilleschote oder 1 Päckchen Vanillinzucker
¼ l süße Sahne
100 g Löffelbiskuits
¼ l Kaffee
Mokkabohnen aus Schokolade

Und so wird's gemacht:

Von der Milch 4 EL abnehmen und damit das Stärkemehl anrühren. Restliche Milch mit Zucker und der ausgekratzten Vanilleschote unter Rühren zum Kochen bringen. Von der Kochstelle nehmen, das angerührte Stärkemehl hinzugeben und unter Rühren nochmals kurz aufkochen lassen. Die Sahne steif schlagen und unter die erkaltete Masse ziehen. Löffelbiskuits mit Kaffee befeuchten und den Boden einer Glasschale damit bedecken, eine Schicht Vanillecreme darauf streichen, dann wieder in Kaffee getauchte Löffelbiskuits auflegen usw. Die oberste Schicht sollte Creme sein. Mit Mokkabohnen garniert servieren.

Kuchen und Gebäck

Käsekuchen ohne Boden

Zutaten:
200 g Butter oder Margarine
200 g Zucker
1 kg Magerquark
1 Päckchen Vanillinzucker
1 TL Zitronensaft
6 Eier
100 g Mehl
*1 gestrichener TL Backpulver**
Margarine zum Einfetten
Semmelbrösel

Und so wird's gemacht:
Weiche Butter oder Margarine mit dem Zucker verrühren. Quark, Vanillinzucker, Zitronensaft und Eier unterschlagen. Mehl mit Backpulver mischen und unter die Quarkmasse rühren. Eine gefettete Springform mit Semmelbrösel ausstreuen und mit der Quarkmasse füllen. Im vorgeheizten Backofen bei 175 °C ca. 60 bis 70 Minuten lang backen (mittlere Schiene). Anschließend den Kuchen (mit einem Messer) vom Rand der Springform lösen, aber in der Form erkalten lassen.

* Vorsichtig testen, da manche Babys auf Backpulver empfindlich reagieren.

Teekuchen

Zutaten:

Teig

200 g Butter oder Margarine
1 PäckchenVanillinzucker
200 g Zucker
1 Prise Jodsalz
2 Eier
175 g Mehl
75 g Speisestärke
*1 TL Backpulver**
Margarine zum Einfetten

Belag

50 g Butter
150 g Zucker
½ TL Zimt

Und so wird's gemacht:

Weiche Butter oder Margarine mit Vanillinzucker, Zucker, Salz und den Eiern schaumig rühren. Mehl, Speisestärke und Backpulver mischen und hinzufügen. So lange rühren, bis ein glatter Teig entstanden ist, und dann auf ein gefettetes Backblech streichen.

50 g Butter schmelzen lassen und gleichmäßig auf dem Teig verteilen. Zucker und Zimt mischen und darüber streuen. Im vorgeheizten Backofen bei 175 °C ca. 25 Minuten lang backen (mittlere Schiene). Nach dem Erkalten in beliebige Stücke schneiden.

* Vorsichtig testen, da manche Babys auf Backpulver empfindlich reagieren.

Sandkuchen

Zutaten:

200 g Butter
200 g Zucker
1 Päckchen Vanillinzucker
1 TL Zitronensaft
4 Eier
125 g Mehl
125 g Speisestärke
Margarine zum Einfetten
Puderzucker

Und so wird's gemacht:

Weiche Butter mit dem Zucker, Vanillinzucker, Zitronensaft und den Eiern schaumig rühren. Mehl und Speisestärke hinzufügen und rühren, bis ein glatter Teig entstanden ist. In eine eingefettete, mit Semmelbröseln ausgestreute Kastenform füllen und im vorgeheizten Backofen bei 175 °C ca. 60 Minuten lang backen (mittlere Schiene). Anschließend Kuchen stürzen, auskühlen lassen und mit Puderzucker bestäuben.

Biskuitrolle

Zutaten:

Teig
4 Eigelb
150 g Zucker
1 Päckchen Vanillinzucker
1 EL warmes Wasser
4 Eiweiß
60 g Mehl
60 g Speisestärke

Füllung
1 Glas Erdbeermarmelade (450 g)
Puderzucker

Und so wird's gemacht:

4 Eigelb mit 100 g Zucker, Vanillinzucker und Wasser cremig schlagen, bis sich der Zucker aufgelöst hat. 4 Eiweiß steif schlagen und den restlichen Zucker einrieseln lassen. Mehl und Speisestärke auf die Eigelbcreme sieben und mit dem Eischnee vorsichtig unterziehen (nicht rühren), bis ein glatter Teig entsteht. Teig auf ein mit Backpapier ausgelegtes Backblech streichen und sofort in den vorgeheizten Backofen schieben (mittlere Schiene). Bei 200 °C ca. 10 bis 15 Minuten lang backen.

Fertige Teigplatte auf ein mit Zucker bestreutes Geschirrtuch stürzen und das Backpapier abziehen. 1 Glas Erdbeermarmelade auf den Biskuit streichen und sofort mit Hilfe des Tuches aufrollen und die Biskuitrolle mit Puderzucker bestäuben.

Zitronenkuchen vom Blech

Zutaten:

<u>*Teig*</u>
350 g Margarine
350 g Zucker
6 Eier
350 g Mehl
*½ TL Backpulver**
evtl. Margarine zum Einfetten

<u>*Guss*</u>
Saft von 1 Zitrone
150 g Puderzucker

Und so wird's gemacht:

Margarine mit der Hälfte des Zuckers schaumig rühren. Nacheinander jeweils 2 Eier und 1 EL Zucker unterschlagen, bis der Zucker und alle Eier in der Masse sind. Mehl und Backpulver mischen und darunter rühren. Teig auf ein eingefettetes oder mit Backpapier ausgelegtes Backblech streichen und im vorgeheizten Backofen bei 180 °C ca. 20 Minuten lang backen (mittlere Schiene).

Für den Guss Zitronensaft mit gesiebtem Puderzucker verrühren. Den fertigen Kuchen mehrmals mit einer Gabel einstechen und den Guss gleichmäßig aufstreichen. Nach dem Erkalten in beliebige Stücke schneiden.

* Vorsichtig testen, da manche Babys auf Backpulver empfindlich reagieren.

Haferflockenhäufchen

Zutaten:

4 Eier
200 g Zucker
1 Päckchen Vanillinzucker
50 g gehackte Mandeln
250 g Haferflocken

Und so wird's gemacht:

Eier und Zucker schaumig rühren. Vanillinzucker, Mandeln und Haferflocken hinzufügen und gut vermengen. Mit zwei Teelöffeln kleine Häufchen auf ein mit Backpapier ausgelegtes Blech setzen (etwa 40 Stück). Im vorgeheizten Backofen bei 200 °C ca. 15 Minuten lang backen (mittlere Schiene).

Schokoladenrolle

Zutaten:

Teig
4 Eigelb
1 EL warmes Wasser
150 g Zucker
1 Päckchen Vanillinzucker
4 Eiweiß
60 g Mehl
60 g Speisestärke
2 EL Kakao
Puderzucker

Füllung
½ l süße Sahne
50 g Zucker

Und so wird's gemacht:

Eigelb, Wasser, 100 g Zucker und Vanillinzucker cremig schlagen, bis sich der Zucker aufgelöst hat. Eiweiß steif schlagen und den restlichen Zucker am Schluss einrieseln lassen. Mehl, Speisestärke und Kakao auf die Eigelbcreme sieben. Den Eischnee hinzufügen und vorsichtig unterheben (nicht rühren), bis ein glatter Teig entstanden ist. Teig auf ein mit Backpapier ausgelegtes Backblech streichen und sofort in den vorgeheizten Backofen schieben (mittlere Schiene). Bei 200 °C ca. 15 Minuten lang backen.

Fertige Teigplatte auf ein mit Zucker bestreutes Geschirrtuch stürzen und das Backpapier abziehen. Mit dem Tuch locker aufrollen, abkühlen lassen und vorsichtig auf dem Tuch auseinander rollen.

Sahne steif schlagen, 50 g Zucker einrieseln lassen, auf den Biskuit streichen und diesen wieder mit Hilfe des Tuches aufrollen. Biskuitrolle mit Puderzucker bestäuben.

Käsekuchen

Zutaten:

Teig
125 g Mehl
50 g Zucker
1 Prise Jodsalz
1 Ei
50 g Butter
Margarine zum Einfetten
Semmelbrösel

Füllung
1 kg Magerquark
200 g Zucker
125 g zerlassene Butter
1 Päckchen Vanillepuddingpulver
3 Eier

Und so wird's gemacht:

Mehl auf die Arbeitsfläche häufen, in der Mitte eine Mulde bilden und Zucker, Salz und Ei hineingeben. Die Butter in Flöckchen auf dem Mehlrand verteilen und alle Zutaten von außen her zu einem glatten Teig kneten. 30 Minuten lang kühl stellen, dann eine eingefettete, mit Semmelbröseln ausgestreute Springform damit auslegen.

Für die Füllung alle Zutaten gut miteinander verrühren, auf den Teig geben und im vorgeheizten Backofen bei 175 °C ca. 60 bis 70 Minuten lang backen (mittlere Schiene).

Windbeutel

Zutaten:

Teig
¼ l Milch
60 g Butter
1 Prise Jodsalz
150 g Mehl
4 Eier
Puderzucker

Füllung
½ l süße Sahne
50 g Zucker

Und so wird's gemacht:

Milch mit Butter und Salz in einem kleinen Topf aufkochen lassen, das Mehl auf einmal hineinschütten und rühren, bis sich ein Kloß bildet. Topf von der Kochstelle nehmen, abkühlen lassen und nach und nach 4 Eier einrühren. Den Teig in einen Spritzbeutel füllen und auf ein mit Backpapier ausgelegtes Blech ca. 12 kleine Häufchen setzen. (Wenn kein Spritzbeutel vorhanden ist, können auch zwei in Wasser getauchte Löffel benutzt werden.) Im vorgeheizten Backofen bei 200 °C ca. 10 bis 15 Minuten lang backen (mittlere Schiene). Anschließend Windbeutel aufschneiden und abkühlen lassen.

Sahne steif schlagen, 50 g Zucker einrieseln lassen. Windbeutel mit der Sahne füllen, zusammensetzen und mit Puderzucker bestäuben.

Verträgliches Obst und Gemüse

Diese Obst- und Gemüsesorten und Kräuter sind auch in den ersten Wochen der Stillzeit unbedenklich bzw. können vorsichtig getestet werden (mit einem * gekennzeichnet):

- Äpfel*
- Auberginen
- Avocado
- Bananen
- Basilikum
- Birnen*
- Brunnenkresse
- Chinakohl*
- Chicorée
- Dill
- Endiviensalat
- Feldsalat
- Fenchel
- Himbeeren
- Kartoffeln
- Kerbel
- Kopfsalat
- Mais*
- Majoran
- Möhren
- Petersilie
- Petersilienwurzel
- Rote Beete
- Sellerie
- Spargel
- Spinat
- Staudensellerie
- Tomaten

Unverträgliches Obst und Gemüse

Diese Obst- und Gemüsesorten sollten Sie in den ersten sechs Wochen der Stillzeit meiden, weil sie beim Kind Blähungen oder einen wunden Po verursachen können:

- Aprikosen
- Blumenkohl
- Bohnen
- Erbsen
- Grapefruit
- Gurken
- Kirschen
- Kiwi
- Knoblauch
- Kohl
- Kürbis
- Lauch
- Linsen
- Mandarinen
- Melonen
- Nüsse
- Orangen
- Paprika
- Pilze
- Pfirsiche
- Pflaumen
- Radieschen
- Rettich
- Schnittlauch
- Schwarzwurzeln
- Steckrüben
- Weintrauben
- Zitronen
- Zucchini
- Zwetschgen
- Zwiebeln

Auch folgende Speisen und Getränke können in den ersten sechs bis acht Wochen beim gestillten Kind zu Blähungen führen:

- Kuchen und Gebäck mit Backpulver
- sehr frisches Hefegebäck
- hart gekochte Eier
- grobes Vollkornbrot
- kohlensäurehaltiges Mineralwasser
- rohe Milch

Alle Rezepte auf einen Blick

Empfehlenswerte Literatur

Austermann, Marianne/Wohlleben, Gesa: *Zehn kleine Krabbelfinger. Spiel und Spaß mit unseren Kleinsten.* Kösel, 6. Aufl. 2006.

Bloemeke, Viresha: *Alles rund ums Wochenbett. Die ersten Monate der jungen Familie.* Kösel, 3. Aufl. 2004.

Cronjaeger, Marietta: *Das Breikochbuch. Leckere Rezepte für das erste Jahr.* Kösel 2006.

de Jong, Theresia Maria/Kemmler, Gabriele: *Kaiserschnitt. Wie Narben an Bauch und Seele heilen können.* Kösel, 4. Aufl. 2007

Kirkilionis, Evelin: *Ein Baby will getragen sein. Alles über geeignete Tragehilfen und die Vorteile des Tragens.* Kösel, 8. Aufl. 2005.

Leboyer, Frédérick: *Sanfte Hände. Die traditionelle Kunst der indischen Baby-Massage.* Kösel, 23. Aufl. 2006

Leboyer, Frédérick: *Sanfte Hände. Die traditionelle Kunst der indischen Baby-Massage (mit DVD).* Kösel, 1. Aufl. 2007

Lothrop, Hannah: *Das Stillbuch.* Kösel, 30. Aufl. 2006.

Müller, Else: *Träumen auf der Mondschaukel. Autogenes Training mit Märchen und Gute-Nacht-Geschichten.* Kösel, 16. Aufl. 2005.

Prekop, Jirina: *Schlaf Kindlein – verflixt noch mal! Ein Ratgeber für genervte Eltern.* Kösel, aktualisierte Neuauflage 2004.

Schneider, Vimala: *Babymassage. Praktische Anleitung für Mütter und Väter.* Kösel, 13. Aufl. 2005.

Theofel, Nicole: *Das schmeckt dem Baby und ist gesund.* Kösel 2005.

Weigert, Vivian: *Das kleine Stillbuch. Alles Wichtige auf einen Blick.* Kösel 2005.

Nützliche Adressen

Arbeitsgemeinschaft Freier Stillgruppen (AFS)
Bundesverband e.V.
Bornheimer Str. 100
D - 53119 Bonn

BDL – Berufsverband
Deutscher Laktationsberaterinnen
IBCLC e.V.
Hildesheimer Str. 124 E
D - 30880 Laatzen

BfHD – Bund freiberuflicher Hebammen
Deutschlands e.V.
Andrea Bolz
Geschäftsstelle
Kasseler Str. 1 a
D - 60486 Frankfurt/Main

BSS – Berufsverband Schweizerischer
Stillberaterinnen
Postfach 686
CH - 3000 Bern 25

Bund Deutscher Hebammen e.V.
Geschäftsstelle
Gartenstr. 26
D - 76133 Karlsruhe

Bundeszentrale für gesundheitliche
Aufklärung (BZgA)
Ostmerheimer Str. 220
D - 51109 Köln

Dachverband Schweizerischer Mütterzentren
c/o Sabine Schifferdecker
Standstr. 1
CH - 9320 Arbon

Eltern-Kind-Zentrum Graz
Bergmanngasse 10
A - 8010 Graz

Eltern-Kind-Zentrum Salzburg
Raiffeisenstr. 2
A - 5061 Elsbethen

La Leche Liga Deutschland e.V.
Dannenkamp 25
D - 32479 Hille

La Leche Liga Österreich
Kontakt: Marion Thaler
Kaiserweg 10
A - 6336 Langkampfen

La Leche Liga Schweiz
Stillberatung
Postfach 197
CH - 8053 Zürich

Österreichisches Hebammen-Gremium
Postfach 438
A - 1060 Wien

Schweizerischer Hebammenverband
Geschäftsstelle
Rosenweg 25 C
CH - 3000 Bern 23

Tagesmütter, Bundesverband
für Kinderbetreuung in Tagespflege e.V.
Moerser Str. 25
D - 47798 Krefeld

Verband alleinerziehender Mütter und Väter
(VAMV) e.V., Bundesverband
Hasenheide 70
D - 10967 Berlin

VSLÖ – Verband der
Still- und Laktationsberaterinnen Österreichs
Lindenstr. 20
A - 2362 Biedermannsdorf